【(사)한국문명교류연구소 학술총서 12】

민족론과 통일담론

【(사)한국문명교류연구소 학술총서 12】

민족론과 통일담론

정수일 지음

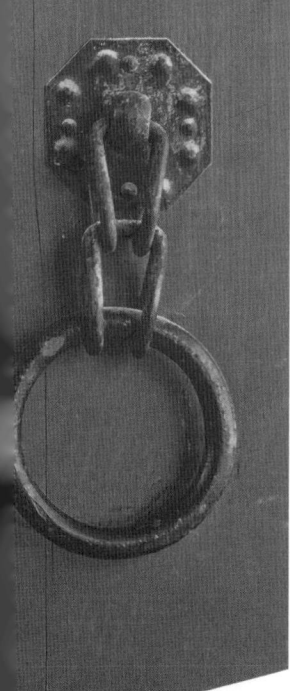

책을 내면서

이 책은 '민족과 민족주의, 그 재생적 담론'이란 상편과 '민족주의적 통일담론'이란 하편의 상관된 두 편으로 구성되어 있다. 상편은 '통일뉴스'가 2010년에 펴낸 공동저서 『재생의 담론, 21세기 민족주의』에 실린 동명의 글이고, 하편은 그로부터 꼭 10년이 지난 오늘 발표하는 글이다. 두 글의 내용이 민족론, 특히 민족주의론으로 관통되어 있다는 점에서 상·하편으로 나눠 한 권의 책을 엮는 것이 서지학적으로는 별 하자가 없다고 본다.

상편에서는 민족과 민족주의를 아우르는 민족론 일반에 관한 고준담론(高峻談論)보다는 우리의 현실을 겨냥한 실상담론(實狀談論)으로 여러 가지 오해와 왜곡을 불식시키는데 초점을 맞추고 있다. 우선, 민족의 구성과 발생 및 실존 등에 관한 구체적 분석을 통해 민족의 실체를 밝히고 있다. 특히 공통성의 '상실'을 구실 삼아 대두되고 있는 남북 간의 '타민족론'이나 '친구론' 같은 반민족적 분족론에 관해서는 가차 없는 메스를 들이대고 있다. 그러면서 우리의 실천 경험을 압축해 민족의 개념 정의를 내리고 있다.

다음으로, 상편에서는 민족주의의 시원과 전개, 유형과 기능 등에 관한 현실적인 통찰을 통해 연대의식과 민족수호 의지 및 발전지향성을 민족주의 3대 속성으로 새롭게 밝히고, 민족주의는 2차 이데올로기이거나 일시적 시류가 아니라, 태생적이고 일관적이며 잠재적으로 작동하는 역사와 생존의 보편가치이며 보편적 진보주의로 자리매김하고 있다. 그러면서 이러한 속성과 위상을 아우르는 민족주의 개념 정립을 창의적으로 시도하고 있다.

이와 같이 필자가 상편에서 우리의 현실에 튼실하게 발붙인 민족론을 개진하는 것은 통일담론의 하편을 위해 의도된 정지작업(整地作業)이다. 통일담론은 어차피 갈라진 민족의 하나됨을 위한 담론일진대, 그 바탕은 올바른 민족론이어야 한다는 것이 필자의 일관된 소신이다. 작금 인문학이나 통일론에서 '유기아(遺棄兒)'로 치부되어 찬밥 신세가 된 민족론, 특히 민족주의가 난도질당하는 현실에 직면해 그 소신은 더욱 굳혀졌다. 그리하여 상편에서의 정지작업에 의해 다져진 지반 위에서 민족주의적 통일담론에 주저 없이 도전장을 내밀게 되었다.

이번에 설익은 졸저이지만 감히 내놓는 것은 그동안 통일담론에서 나타난 여러 가지 문제점들을 시급히 극복하고 미래지향적인 바른 통일담론을 모색하기 위해서다. 그 주요한 문제점들을 추려보면, 우선, 담론 내용에서의 철학의 부재다. 5천년 민족사에서 작금의 분단사는 가장 비극적인 사회적 의제(아젠다)임에도 불구하고 다룸에서 정치사회학적 시각에만 맴돌고 인문철학적 시각은 소외되고 있다. 다음으로, 담론의 접근방법에서의 편향성이다. 학문적 계보 차원에서 보면 통일담론은 사회학과 인문학의 여러 요소들을 두루 공유하고 있는 교차영역에 속함으로써 접근방법에서 균형을 유지해야 하는데, 사회정치학적 기능주의 접근이 거의 전부다. 끝으로 민족론, 특히 민족주의에 대한 무지와 오해, 남용과 악용이다. 한반도의 통일문제는 엄연하게 둘로 갈라진 한 민족을 다시 하나로 묶는 민족통일사업으로서 어떠한 경우에도 담론에서 올곧은 민족론을 배제할 수가 없다. 그러나 서구의 진부하여 무망(無望)한 민족론을 통째로 삼키려다 체증에 걸려 내뱉는 형형색색의 무지와 오해, 남용과 악용으로 점철된 반민족론이 유령처럼 통일담론을 배회하고 있다.

   이러한 문제점들을 해결하기 위한 제언으로 우선, 통일담론을 오염시키고 있는 각종 서구식 민족주의 잔영을 일소하고, 민족적 동질성의 균열을 부추기는 부당한 주의주장들을 혁파하면서 민족과 민족주의 개념을 바르게 세워야 한다. 둘째로, 민족주의 3대 속성을 기본으로 하여 보다 거시적이고 원리적이며 전략적인 통일담론의 철학적 기조를 확립하고, 철저하게 수행해야 한다. 셋째로, 1민족, 2국가란 한반도 분단의 특수한 역사적 배경에서 산생한 통일담론의 2중 패러다임, 즉 국가중심패러다임과 민족중심패러다임을 균형적으로, 상부상조적으로 효용해야 한다. 넷째로, 통일은 그 어떠한 경우에도 상잔이나 일방적 흡수에 의해서가 아니라, 통일주체 간의 민족주의적 합의에 이해 이루어져야 한다. 다섯째로, 통일과정을 분단으로부터 체제통합과정까지로 보는 종래의 불완전통일론을 체제통합뿐만 아니라, 사회의 전반적 통합에 이르기까지의 과정으로 설정하는 '진화통일론(進化統一論)'에 따라 통일담론의 내용과 접근방법 및 패러다임을 새로이 정립해야 한다.

필자가 비교적 생소한 개념인 '민족주의적 통일담론'을 개진함에 있어서 그나마도 고립무원감(孤立無援感)을 덜어주게 한 무언의 격려처가 두 군데 있다. 그 하나는 철학계의 시동이다. 최근 통일담론에 내재한 문제들의 심각성을 자각한 '사회와 철학연구소' 소속 철학자들이 민족분단에 대한 '철학적 성찰'이란 제하의 유의미한 논저를 펴냈다. 이것은 균형 잡힌 통일담론의 장을 열어가는 단서로서 매우 바람직한 일이라 아니할 수 없다.

다른 하나는 남북의 최고 당국자들이 서명한 일련의 통일 관련 공동선언이나 합의서다. 필자는 후편에서 통일담론의 연대의식과 민족수호 의지 및 발전지향성의 3대 철학적 기조를 논급함에 있어서 다행히 그 신빙성 있는 구체적 증거들을 이러한 선언이나 합의서에서 일일이 찾아내어 적시하였다. 사실 그러한 선언이나 합의서의 저변에는 국내외 8천만 통일주체들의 확고부동한 통일의지와 그 철학적 기조가 널리, 그리고 두껍게 깔려있다. 문제는 관계자들이나 연구자들이 '구슬이 서 말이라도 꿰어야 보배다'라는 그 평범한 격언조차 외면하다보니 통일담론의 철학적 기조가 되는 옥석을 건져내어 이론화하는 지혜를 발휘하지 못했다는 사실이다.

'책을 내면서'를 마감하면서 한 가지 부언하고자 하는 것은, 저술에서 '선인의 것을 서술할 뿐만 아니라, 새것을 창작한다'라는 '술이작(述而作)'의 학풍을 좇기에 부심했다는 점이다. 부심하다 보니 '창신(創新)'에 매혹되어 혹여 분에 넘치는 학문적 만용을 부린 데는 없는지를 자성하게 된다. 아울러 이러한 만용과 역부족에서 오는 흠결에 대한 독자 여러분의 냉철한 질정을 바라마지 않는다.

끝으로, 지난 20년 동안 직필정론(直筆正論)을 지켜온 '통일뉴스'의 선도에 의해 통일담론의 불꽃은 쉼없이 피어올랐다. 그 덕에 오늘과 같이 멋지게 꾸며진 졸저가 비로소 상재(上梓)될 수 있게 되었으며, 또한 인터뷰를 통해 독자들과의 뜻깊은 만남이 이루어지게 되었다. 이에 '통일뉴스'의 이계환 대표님을 비롯한 편집진 여러분께 심심한 사의를 표하는 바이다. 아울러 앞으로 한 단계 승화된 '진화통일론'의 바른 정립과 전개를 위해 미력이나마 다할 것을 약속드린다.

2020년 6월 초여름
옥인학당에서
위공 정 수 일

책을 내면서 　　　　　　　　　　　　　　　　　　　　4

상편 | 민족과 민족주의, 그 재생적 담론 |

여는글 　　　　　　　　　　　　　　　　　　　　　14

Ⅰ. 민족담론 　　　　　　　　　　　　　　　　　　21
1. 민족구성론
2. 민족발생론과 존재론
3. 남북한민족론
4. 민족 개념

Ⅱ. 민족주의 담론 　　　　　　　　　　　　　　　　48
1. 민족주의 시원론과 전개론
2. 민족주의 유형론
3. 민족주의 기능론
4. 민족주의 개념

닫는글 　　　　　　　　　　　　　　　　　　　　　85

| 부록 | 왜 다시 민족주의인가 　　　　　　　　　　　92

하편 | 민족주의적 통일담론 |

여는글 　　　　　　　　　　　　　　　　　　　　　100

Ⅰ. 통일담론과 민족주의 — 103
1. 통일담론 속의 호도된 민족주의
2. 한민족 동질성의 균열과 통일
3. 민족주의의 바른 개념

Ⅱ. 민족주의는 통일담론의 철학적 기조 — 116
 1. 연대의식
 2. 민족수호 의지
 3. 발전지향성

Ⅲ. 통일담론의 2중 패러다임 — 132
 1. 2중 패러다임 산생의 역사적 배경
 2. 2중 패러다임의 개념
 3. 2중 패러다임의 효용(效用)

Ⅳ. 민족주의적 합의통일 — 143
1. 통일론의 진화와 '진화통일론'
2. 한반도의 민족주의적 합의통일
3. 통일의 편익(便益)

닫는글 — 162

| 부록 | 남북 간 6대 합의문서 — 167

인터뷰 | "지성의 양식으로 겨레에 헌신한다" — 187

民
―――
主
―――
統
―――
談

상편

族
―――
義
―――
一
―――
論

민족과 민족주의,

그 재생적 담론

여는글

이 글에서는 민족과 민족주의에 관한 담론을 '민족론'으로 통칭하면서, 그 재생적 담론을 시도한다. 여기서의 '재생적'이란 무지와 오해, 남용과 악용으로부터의 민족론의 복원적 재생, '촌 것'으로 몰려 퇴조와 포기되어 가는 민족론의 구원적 재생, 전가(傳家)의 보검이 아니라 '동네북'으로 전락하고 있는 민족론의 계승적 재생을 함의하고 있다. 그리고 이 글에서 재생적 담론의 초점은 한국에서의 민족과 민족주의에 관한 담론에 맞췄다.

그렇다면 왜 이 시점에서 우리는 재생적 담론을 시도해야만 하는가? 어떤 이는 유럽에서 우파의 구시대적 전유물로 전락한 민족담론이 여기 한국에서는 '노익장'을 과시한다고 쓴웃음을 던지고 있지만, 우리는 현실적 당위성을 내세워 담론을 재생시키려고 한다. 그 당위성은 한 마디로 이러한 복원적, 구원적 및 계승적 재생에 대한 절박한 시대적 요청이다.

우선, 담론지형의 변화에서 오는 요청이다. 작금 세계화의 바람이 일면서 이제 담론의 지형이 종래의 보수 대 진보 담론에서 세계주의(혹은 지역주의) 대 민족주의 담론으로 점차 바뀌어 가고 있다. 물론 국내외를 막론하고 보수 대 진보 간의 갈등이나 충돌이 사라진 것은 아니다. 그렇지만 20세기 후반 냉전체계가 무너지면서 일방적인 세계화가 기세를 부리고 지역적 통합이 마냥 시대의 추세인양 비쳐지자 그 대응논리로 떠오르고 있는 것이 한때 수면 이하로 가라앉았던 민족론이다. 예측과는 달리 도처에서 민족분쟁이 다발하고, 민족적 정체성을 되찾거나 세우려는 노력과 투쟁이 팽배할 뿐만 아니라, 새롭게 다민족, 다문화주의가 부상되고 있는 현실을 제대로 읽고 대처하려면 결코 민족론을 외면할 수가 없다.

다음은, 민족통일의 실현을 위한 당위성에서 오는 요청이다. 반세기가 넘는 분단의 장벽 속에서 남북 간에 나타나는 '이질성'을 이유로 '단일민족론'을 거부하는 이른바 '타민족론'이나 '분족론(分族論)', 지어 '친구론' 같은 사이비 민족론이 거리낌 없이 배회하고, 이 땅에서의 전쟁방지나 평화유지 및 공동번영 같은 이슈가 민족통일의 일차적 당위로 둔갑하며, 통일운동의 활로를 떳떳한 민족의 대로에서가 아니라 뒤안길에서 찾는 허망하고 움츠러져가는 현실을 감안할 때, 민족담론의 재생이 더더욱 절박함을 느끼게 된다.

일반적으로 갈라진 민족이 재통일되어야 할 불변의 근원적 당위성은 하나의 민족이라는 데 있다. 그밖에 분단민족 간의 관계에 따라 재통일의 당위성(혹은 필요성이나 지향성)에는 여러 가지 이슈가 등장할 수 있다. 가령 남북한으로 갈라진 한민족처럼 치열한 갈등관계에 있는 분단민족의 경우에는 전쟁방지나 평화유지 및 공동번영 같은 이슈가 재통일을 위한 가변의 시류영합적(時流迎合的) 당위성으로 제시될 수 있다. 그러나 이러한 이슈는 어디까지나 민족 내부의 문제로서 그 해결의 주체는 민족 구성원들이다. 따라서 민족을 떠난 그 어떤 민족통일의 '당위성'이나 '지향성'은 결코 허구에 불과할 수밖에 없다.

우리는 왜 숱한 우여곡절을 겪으면서도 갈라진 민족을 다시 하나로 묶는 통일에 이르려고 하는가? 물론 더러는 지쳐서 통일을 포기하거나 통일에 회의적이기도 하지만, 통일이 대세임을 거역할 수는 없다. 그 이유는 뭐니 뭐니 해도 한 민족이기 때문이다. 그래서 우리는 이웃 중국이나 일본과는 아닌, 남과 북으로 갈라진 동족이 다시 하나로 되자는 것이다. 요컨대, 통일의 근원적이며 일차적인 당위성은 그 어떤 다른 이슈가 아니라, 하나의 민족이라는 데 있다. 우리에 앞선 독일이나 베트남, 예멘의 민족통일 경우가 바로 이를 명증한다. 그런데 근간에 '타민족론'이나, '탈민족주의' 같은 엉뚱한 분단론 망령이 기승을 부리는 바람에 민족론에 주눅이 들어서 '민족'이나 '민족주의'를 아예 벙긋하지도 못하는 괴이한 현상이 벌어지고 있다. 이럴진대, 우리는 더 늦출 겨를 없이 공명정대한 민족론의 재생에 불을 댕겨야 할 것이다. 시들어가는 분단 극복의 원동력을 민족이나 민족주의 샘에서 새롭게 퍼 올려야 할 것이다.

 그 다음은, 참된 사회의 윤리도덕적 규범의 확립에 대한 요청이다. 작금 세계 어디를 막론하고 지각 있는 사람들은 다들 헝클어져가는 인간의 윤리도덕을 심히 걱정하고 있다. 황금만능주의나 쾌락주의, 극단적 개인주의 같은 패륜이 인간의 아름다운 전통이나 미풍양속을 좀먹고 있기 때문이다. 이러한 폐단에서 인간을 구출하려는 시도가 일찍부터 있어 왔지만 여의치 않다. 아직은 인류의 대다수가 그 폐단에서 벗어나지 못하고 있다. 문제는 벗겨줄 길을 밝힐만한 사상적 및 윤리도덕적 지침이 결여되어 있다는 데 있다. 숱한 폐단을 저질러놓고 출로에 허둥거리는 자본주의가 이러한 지침을 제공해줄 리는 만무하다. 그렇다면 과연 어디에서 찾아내야 할 것인가? 우리는 그 한 유력한 지침을 바로 역사의 보편적 가치와 보편적 진보주의를 갈무리하고 있는 올곧은 민족론에서 찾아낼 수 있을 것이다. 왜냐하면 인간의 전승하고 있는 전통의 뿌리나 원초적인 미풍양속은 민족에서 비롯되며, 그것을 지켜내는 힘은 민족주의에서 발원하기 때문이다. 지금은 물론이거니와, 미래의 상당한 기간, 민족성을 떠난 문화나 윤리도덕은 애당초 상상할 수가 없다.

 '진부'해서 버려야 한다는 민족과 민족주의에 관한 해묵은 민족론을 필자가 이 시점에서 굳이 그 재생을 들고 나온 것은 앞에서 말한 이론적 및 실천적 당위성 말고도, 필자의 체험적 신념에서이기도 하다. 학문연구를 포함한 매사에서 개인이 몸소 겪은 귀중한 체험은 그 신빙성이나 확고성을 부동의 신념으로 굳혀주게 된다. 민족론에서도 사정은 마찬가지다. 민족발생론에서 근대주의 창시자로 알려진 영국의 사회학자 겔너(E. Gellner)와 이 근대주의 확산에 앞장섰던 역사학자 홉스봄(E. Hobsbawm)은 다 같이 유대인 출신으로서 나치의 파시즘 민족주의에 증오를 품어오던 터라서 관능적으로 민족주의에 대한 거부와 편견의 입장에 쏠리고 만다. 한국에 귀화한 외국인 한 분은 한국을 매몰차게 타자화(他者化)하면서 한국의 민족과 민족주의를 그토록 백해무익한 폐단으로 매도하는 것도 알고 보면 그의 몰지각한 민족관이나 얄팍한 계급론과 더불어 서생적(書生的) 천방지축에서 비롯된 것이 아닐까 점쳐 본다. 물론 몰지각한 민족관이나 뜨거운 가슴이 아닌 냉랭한 잔머리를 굴리는 서생적 자태는 그만의 일은 아닌 것 같다. 체험이란 잘되면 약이고 못 되면 독이 되는 법이다.

　필자는 그 시절 일방적인 국제주의에 훈육되다시피 한 정신 상태에서 제3세계의 민족해방투쟁을 여러 기회에 현장 목격한 바 있다. 그 과정에서 민족과 민족주의의 실체에 접근하게 되었고, 민족주의와 국제주의는 결코 상치되는 것이 아니라 상부상조하는 변증법적 관계에 있다는 것을 깨닫게 되었으며, 진정한 민족주의자만이 진정한 국제주의자가 될 수 있다는 믿음을 갖게 되었다. 급기야 이 문제를 둘러싼 치열한 입씨름 끝에 환국(還國)의 길에 오르게 되었다.

　주지하다시피, 민족주의와 국제주의가 갈등할 때 민족주의가 승리하고야 만다는 것이 일종의 경험적 불문율로 연구자들 속에 회자되고 있다. 그러나 그 이유에 관해서는 대저 동문서답한다. 민족주의를 역사의 퇴물로 보는 탈민족주의자들로서는 그럴 수밖에 없을 것이다. 이를테면 그들은 그 소이연(所以然)이 민족주의가 지니고 있는 역사적 보편가치와 보편적 진보주의에 내재되어 있다는 사실을 인식하지 못하거나 외면하고 있기 때문이다.

이와 더불어 필자는 평생 부심하고 있는 자신의 학문연구를 통해도 민족론의 당위성을 학문적으로 더욱 확신하게 되었다. 민족이나 국가, 지역을 초월한 서로의 교류와 소통을 연구대상으로 삼는 문명교류학을 전공하는 필자가 '배타'나 '폐쇄'일 수밖에 없다고 하는 민족론을 굳이 주장하는 것은 전공학문에 대한 '일탈(逸脫)'이 아닌가라는 예리한 질문을 가끔 받곤 한다. 선의의 기우임을 알고 질문을 고맙게 받아들이면서 이렇게 답한다. 원래 문명교류란 것은 본질적으로 이질 문명 간의 주고받음인데, 그 이질문명은 어디까지나 종족적 및 문화적 최대 인간집단인 각이한 민족들에 의해 만들어지고 갈라진다.

민족이 없었던들 문명다운 문명은 애당초 창조 불가능했을 것이며, 민족주의가 없었던들 문명의 성장이나 전파, 교류는 역사가 기록한 그러한 양상으로 전개되지 못했을 것이다. 따라서 민족론과 교류론은 모순관계가 아니라 불가분의 관계에 있다. 민족의 존재는 문명과 그 교류의 전제다. 인간의 문명화는 언어를 비롯한 여러 가지 공통적 구성요소를 최초로 공유하게 된 민족집단으로부터 시작되고 확산된다. 인간 개개인의 윤리도덕이나 숭고한 사회적 가치도 민족집단

구성의 세포인 가족으로부터 배우고 익히게 된다. 그래서 필자는 문명교류학을 연구하면서 민족을 더 깊이 생각하게 되고, 민족주의와 더 가까워지게 되었다.

민족과 민족주의에 관한 담론은 어제 오늘의 일이 아니다. 관련 논저만 해도 한 수레 가득 담고도 남음이 있을 만큼 수북하며, 그 논란도 수많은 갈래로 실타래처럼 엉켜있다. 그럼에도 불구하고 이 시점에서 새삼스럽게 이 구태의연하고 난삽(難澁)한 담론을 재생하려는 목적은 무엇보다도 일그러져가는 우리의 민족담론을 바로 잡음으로써 부당한 민족론의 양산으로 인한 갖가지 피해를 막아보자는 데 있다. 아울러 필자 나름의 여러 가지 천견이나마 개진해 민족담론의 유의미한 장이 열렸으면 하는 기대도 가져본다.

이 글에서는 민족론과 관련해 그간 '21세기 민족주의포럼'에서 발표된 글들을 비롯해 국내에서 발간된 몇 권의 중요 논저들과 모 일간지가 조직한 관련시리즈 등에서 우리의 논자들이, 우리의 지면에, 우리의 글로 개진한 내용을 주 자료원과 분석대상으로 삼았다. 외국 논자들의 논점은 한국 논자들이 원용(援用)한 내용의 범위 내에 한정시켰다.

졸문은 민족론의 총론이나 각론이 아니라, 우리 속에서, 우리의 현실과 관련해 제기된 논제 중에서 정립과 시정이 시급하다고 간주되는 주제들을 골라 그에 대한 필자 나름의 주관적 견해나 입장을 피력하고자 한 것임을 밝히는 바이다. 요컨대, 민족론에 관한 아담대론(雅

談大論)이 아니라, 현실을, 그것도 우리의 현실을 겨냥한 대증적(對症的) 실담소론(實談小論)을 시도한 글이다. 그리고 모두의 자기성찰을 촉구하는 취지에서 논자들을 일일이 밝히지 않았으며, 참고문헌도 국내 논저들을 위주로 제시했음을 아울러 부언한다.

I. 민족담론

　민족론의 출발점은 민족에 대한 이해다. 그 핵심은 민족이 어떻게 이루어졌는가 하는 민족 구성요소와 언제 출현해 어떻게 존재하는가 하는 출현시기와 존재론 문제다. 민족담론은 기본적으로 이러한 문제들을 에워싼 담론인데, 그 논점에서는 뚜렷한 양자 대립구도를 이루고 있다. 구성요소문제에서는 객관주의와 주관주의가, 출현시기문제에서는 근대주의와 영속주의가, 존재론에서는 실재론(實在論)과 허상론(虛像論)이 맞장을 뜨는 형국이다. 게다가 우리에게는 남북한민족론이란 남다른 변수가 하나 더 있다. 그리하여 유럽에서 물러 받은 이 형국이 이 땅 한반도에서는 한층 더 날카로운 양상으로 표출되고 있다.

　그간 이러한 형국에 접한 우리 학계 내의 맞대결 양상을 통관하면, 구성요소문제에서는 그런대로 막상막하이나, 출현시기와 존재론 문제에서는 근대주의와 허상론이 각각 승세를 굳혀가면서 짐짓 타론(他

論)을 불허하는 기세다. 그 앞에서 영속주의와 실재론은 결단 없이 전전긍긍하고 있다. 이제 이 오만한 기세에 제동을 걸지 않으면 우리 민족은 영영 허무맹랑한 '민족론'에 타살되고야 말 것이다. 해법은 정정당당한 민족론의 정립이다.

1. 민족구성론

민족이 무엇으로 구성되어 있는가 하는 구성론은 민족이 무엇이고, 언제 발생하며, 어떻게 존재하는가 하는 제반 문제 해명의 열쇠다. 그래서 시종 구성론 논의는 파다하다. 그렇지만 그 과정에서 논급되는 내용은 비교적 명확하게 드러나 있다. 그 내용은 크게 혈통, 언어, 역사, 경제, 문화, 지역 등 객관적 요소들에 주안점을 두는 객관주의와 감정, 의지, 이념 등 주관적 요소들을 강조하는 주관주의로 나눠볼 수 있다. 문제는 민족구성요소들을 객관주의적 입장에서 볼 것인가, 아니면 주관주의적 입장에서 볼 것인가, 또는 이 두 입장을 통섭할 것인가 하는 것이다. 물론 일방적인 입장만을 고집하는 극단적인 경우도 있지만, 대체로 주·객관적 요소들의 존재를 부정하지는 않지만 어느 요소들을 더 강조 내지는 절대화하는가에서 입장이 엇갈린다. 때로는 '양다리 걸기'식 입장도 시비를 걸곤 한다.

민족을 언어와 역사적 전통을 공유하는 문화집단이라고 규정한 헤이즈(C. Hayes)의 주장에서 보다시피, 객관주의는 대체로 객관적 구성요소들을 민족 형성의 우선적(일차적) 요인으로 간주하면서 주관적 요소들은 간과한다. 객관주의는 언어나 전통 같은 객관적 요소들을 강조하기 때문에 왕왕 민족 형성이나 존재의 연속성을 내재하게 된다. 자본주의 시장 통합을 민족 출현의 중요한 요소로 간주하는 마르크스주의 민족론이나, 산업화의 불균등 확산과 문화적 힘에 의해 민족이 형성된다는 겔너(C. Geiiner)의 주장, 그리고 민족 형성에서 언어와 인쇄 자본주의가 결정적 역할을 담당한다는 앤더슨(B. Anderson)의 견해 등을 통해 우리는 객관주의 구성론이 담고 있는 내용을 두루 읽을 수 있다.

이에 반해, 주관주의는 객관적 요소들을 무시하지는 못하지만, 의지나 상상 같은 주관적 요소들을 일방적으로 강조한다. 민족 형성에서 언어나 혈통보다는 의지(will)가 더 중요하다고 하면서 민족이란 안정적으로 존재하는 것이 아니라, '그날그날의 투표'(daily plebiscite)와 같은 의지의 선택에 의해 결정된다는 르낭(K. Lenan)의 강변이 바로 그 대표적 일례다. 민족에 의해 민족주의가 만들어지는 것이 아니라, 반대로 주입된 민족주의에 의해 민족이 만들어진다고 주장하는 홉스봄의 이른바 '민족만들기'(nation-to-be)도 이러한 주관주의 범주에 속한다.

민족은 혈연, 언어, 역사, 지역, 경제, 문화와 같은 객관적 요소와, 이러한 요소를 직·간접적으로 반영한 귀속의식이나 애족사상, 민족주의, 민족정신 같은 주관적 요소에 의해 동질성과 일체성, 정체성이 보장됨으로써 비로소 완벽한 민족이 생성되는 것이다. 민족학에서는 이 두 가지 요소, 즉 객관적 요소와 주관적 요소를 다 갖춘 민족을 완전무결한 대자적 민족(對自的 民族, Nation für sich)이라 하고, 객관적 요소만 갖추고 주관적 요소가 결여된 민족은 즉자적 민족(卽自的 民族, Nation an sich)이라고 한다. 이러한 즉자적 민족은 민족정신이나 기개가 빈약한 기형적 민족으로서 생물학적 오합지졸에 불과하다. 따라서 주·객관적 구성요소의 포괄적이며 균형적인 인식에 바탕해 민족을 이해해야 하며, 어느 개별요소에 대한 일방적인 편단(偏斷)은 지양해야 한다.

민족은 일정한 역사발전 단계에서 이상의 제 구성요소들이 구비되었을 때 형성되며, 형성된 후에는 상당한 역사시기 내에 상존한다. 그러나 그 과정에서 당초의 형성요소들이 내용이나 형식, 비중에서 일정한 양적(상대적) 변화를 일으킬 수 있다. 그렇지만 변화의 경우에도 형성요소의 질적(절대적) 변화는 쉬이 일어나지 않고 그 고유성이 장기간 보존된다. 이를테면, 이것은 민족구성론에서의 형성요소와 존속요소 간의 관계문제인데, 이 문제를 둘러싸고 우리 학계에서 상당한 오해와 혼동이 빚어지고 있다. 그 가운데서 가장 큰 논쟁거리는 혈연적 공통성과 경제적 공통성(후술) 문제다.

흔히들 혈연적 공통성은 민족을 구성하는 주요한 객관적 요소의 하나이며, 흔히 민족의 '원초적 징표'라고 한다. 그런데 역사적으로도 그러했거니와, 현대에 이르러 인간들의 상호이동이나 접촉이 급증하면서 혼혈이 거의나 사회적 보편현상이 되자, 그 반동으로 민족론에서 두 가지 상반되는 경향이 나타나고 있다. 그 하나는 이제 민족구성의 주요한 객관적 요소인 혈연적 공통성이 사라졌으니 민족이란 더 이상 존재할 수 없다는 '민족부정론'이고, 다른 하나는 이에 반해 민족의 구성과 존속 요인을 혈연에 한정시키거나 혈연을 지나치게 강조하는 '혈통주의'다. '혈통주의'를 포함해 혈연(血緣)을 강조하는 사람들은 대체로 암스트롱(J. H. Amstrong) 같은 영속주의자들이다.

작금 탈민족주의자들이 입버릇처럼 역설하는 혼혈에 의한 '민족부정론' 앞에서 많은 사람들이 흔들리고 있다. 그 '가당성(可當性)'에 의문의 여지가 없다는 것이다. 물론, 오늘날에 와서 '순수 혈통주의'가 있을 수 없다는 것은 명약관화한 사실이지만, 그렇다고 이것이 민족의 존재를 부정하는 근거로는 될 수 없다. 왜냐하면 혈연은 민족의 구성과 존속을 규제하는 한 요소일 뿐, 유일하거나 절대적인 요소는 아니며, 혈연을 제외한 기타 민족구성요소들이 충분히 마련되기만 하면 혼혈된 혈연에 관계없이 민족은 당당하게 형성되고 존속될 수 있기 때문이다. 이것은 우리의 민족사에서 여실히 입증되고 있다. 역설적으로 피가 섞일 수밖에 없는 현실 속에서 민족구성요소에서 혈통을 일방적으로 강조하는 것은 오히려 '민족부정론'에 구실을 제공해주는 꼴이 되고 만다. 따라서 우리는 혈연적 공통성 문제에 대한 무지와 오해에서 비롯된 '민족부정론'과 '혈통주의'를 다 같이 경계해야 한다.

혼혈로 인해 야기된 혈연문제에서 나타난 배리(背理)현상과 당혹상은 이른바 '사회학적 요소'로 이 문제에 대한 변칙적 '해답'을 시도하는 일례에서 찾아볼 수 있다. 어떤 이는 민족의 혈연적 공통성은 '일정한 지역범위에서 사회역사적'으로 형성되었기 때문에 가족이나 친족의 범위에서 혈연적 관계에 따라 자연적으로 이루어진 씨족이나 종족의 혈연적 공통성과는 다르다는 견강부회적인 해석을 내놓고 있다. 요컨대, 민족의 혈연적 공통성은 생물학적 공통성이 아니라 사회역사적 공통성이라는 것이다.

이러한 엉뚱한 주장은 일견에 그 어불성설을 갈파할 수가 있다. 씨족이나 종족의 혈연적 공통성도 정도의 차이는 있지만 오랜 사회역사적 과정에서 이루어진 것이고, 민족의 혈통은 씨족이나 종족의 혈통을 계승한 것이지 단절된 별개의 혈통은 아니며, 민족구성요소로서의 혈연은 어디까지나 '피'라는 생물학적 현상이지 결코 사회역사적 현상일 수는 없다. 아마 이러한 비논리적 주장을 펴게 된 것은 혈통에 대한 오해에서라기보다는 혼혈을 구실로 한 '민족부정론'에 대한 대응논리 개발에 급급한 나머지 순수 사변적(思辨的) 구상에서 안출된 허언(虛言)이라고 사료된다. 이런 식 억설로는 결코 혼혈을 빌미로 한 '민족부정론'을 극복할 수가 없다.

그렇다면 이러한 '민족부정론'을 극복할 수 있는 대응논리는 과연 무엇인가? 우리는 남한의 혈통실태에서 어렵지 않게 그 대응논리를 찾아보게 된다. 각종 조사연구에 의하면 현재 남한사람의 성씨 중 근 절반이 귀화 성씨이고 혈통은 30여 가지이지만, 다른 민족의 피가 차지하는 비중은 고작 4%에 불과하다고 한다. 이 통계에서 보다시피, 남한사람의 혈통에서는 여전히 한민족의 고유한 혈통인자가 압도적 비중(96%)으로 주류를 이루고 있음을 알 수 있다. 순수한 혈통(실제로는 있을 없음)은 아니지만, 아직까지는 한민족의 고유혈통을 기본(핵)으로 하는 혈통보(血統譜)가 유지되고 있음을 확인할 수 있다. 따라서 한민족 고유의 피를 기본으로 하고 얼마간의 외혈(外血)이 뒤섞인 혈통의 상대적 공통성을 인정하고 민족구성요소로서의 혈연문제를 실사구시하게 다루어야 할 것이다. 특히 혼혈을 빙자한 '민족부정론'의 입지를 차단해야 할 것이다.

2. 민족발생론과 존재론

민족구성의 제 요소를 구전(俱全)한 민족이 언제 형성되었는가 하는 문제는 내외학계를 막론하고 민족론 가운데서 가장 뜨거운 감자로 떠오르는 논제로서 논란이 분분하다. 그렇지만 그 견해를 종합해 보면, 크게 근대주의(近代主義, modernism)와 영속주의(永續主義, perennialism)로 분명하게 갈라져 있음을 발견하게 된다. 그리고 서구는 물론이거니와 국내 학계마저도 보수나 진보를 가릴 것 없이 거개가 근대주의에 일변도(一邊倒) 되고 있다는 사실은 매우 역설적인 일이라 하지 않을 수 없다. 지난 세기 60년대 겔너에 의해 근대주의가 제창되기 이전만 해도 민족발생론은 영속주의가 주도했다. 그러다가 겔너에 이어 홉스봄과 앤더슨(B. Anderson) 같은 쟁쟁한 민족론자들에 의해 영속주의는 저만치 밀려나고 대신 근대주의가 군림하기 시작했다. 급기야 한국의 대부분 민족론자들은 교조적으로 그네들의 근대주의를 추종하고 그 전파에 급급하고 있다.

그 결과 근대주의 일변도에 의해 민족구성요소들이 임의로 설정 평가되고 민족이나 민족주의 운명이 단명(短命)으로 재단되고 있다. 아이러니한 것은 대부분의 강단(講壇)학자들은 근대주의 편에 줄을 대는 반면에 이론 따위와는 무관하게 일반 대중은 영속주의에 '깊이 빠져있다'는 사실이다. 이러한 괴리는 아마도 "민족과 민족주의가 지니고 있는 오랜 전통과의 결합, 오랜 역사적 기억과의 결합, 인종적, 언어적 공동체에서 오는 역사적 기원의식 등이 작용한 결과"라고 판단된다. 이것이야말로 대중의 정서나 잠재의식은 무시한 채 근대주의만을 고집하는 서생 학자들로 하여금 한번쯤 되새겨 봐야 할 대목이라 아니 할 수 없다.

근대주의자들은 유럽에서의 민족은 18세기 말엽부터 일기 시작한 산업혁명과 프랑스혁명, 자본주의에로의 과도와 국민국가의 탄생 등을 통해 만들어진 근대의 산물이라고 강변한다. 그들의 주장에 따르면, 민족은 근대의 필요에 의해 인위적으로 만들어진 피조물로서 근대의 소멸과 더불어 민족은 더 이상 존재가치가 없게 된다. 그래서 민족의 수명은 단명(유럽은 약 200년)일 수밖에 없으며, 따라서 이 한시적인 '과객(過客)'의 정체성 같은 것은 구태여 주목할 필요가 없게 된다. 그들 일부는 민족구성의 객관적 요소들을 무시하지는 못하지만, 그렇다고 거기에 별 의미를 부여하는 것도 아니다.

그렇다면 유럽에는 정말로 근대에 이르러서야 민족이 불쑥 나타났는가? 아무래도 역사에서 그 답을 찾아야 할 것 같다. 근대주의자들의 단견(短見)과는 달리 혈연이나 언어, 문화, 종교 같은 민족구성의 객관적 요소들과 정체성이나 자결의지 같은 주관적 요소들은 근대 이전에 이미 유럽에서 싹터 왔으며, 그것이 근대 유럽민족 형성의 뿌리가 되었다는 흥미 있는 연구결과들이 속속 나오고 있다.

영국에서는 8세기 때 이미 전근대민족에 속할 법한 '잉글랜드인'(Gens Anglorum)이라는 개념이 나타났으며, 11세기 중엽에는 강력한 중앙집권적 봉건체제가 구축되어 국가권력이 확립되고 법이 제정되었으며 중세적 의회기구도 가동되었다. 더욱이 14세기 중엽에는 영어가 공용화되기 시작함으로써 전근대민족의 면모를 갖춰 나갔다. 14세기 영국의 억압에서 벗어나려는 스코틀랜드의 아브로스(Arbroath) 독립선언(세계 최초의 독립선언)이나 16세기 합스부르크 제국으로부터 독립을 쟁취한 네덜란드 독립전쟁은 분명 민족자결을 실현하고 민족정체성을 확보하려는 의지의 표출이었다. 그밖에 중세 유럽에서 일어난 일련의 갈등과 분쟁의 기저에는 비록 미숙하지만 이러한 민족의식이 깔려 있었던 것이다. 중세 유럽에서 일어난 이 모든 현상은 전근대민족의 출현상이라고 추단되는데, 지금까지 이 방면에 관한 연구는 영성적(零星的)이어서 이론화 정리가 미급한 상태다.

앞으로 체계적이며 심층적인 연구가 요망된다.

　설혹 유럽사에서 나타난 이러한 전근대적 민족사의 흔적을 제쳐놓고 한발 물러서서 민족 발생의 근대주의가 유럽의 구체적 역사환경에 알맞은 이론이라고 가정한다손 치더라도, 이것은 어디까지나 유럽의 실정에 해당하는 특수론일 따름이다. 유럽과 다른 역사환경 속에서는 다른 민족발생론이 적용되지 않을 수 없다. 오늘날 문제의 심각성은 유럽의 특수론을 마냥 보편타당한 일반론으로 착각하고 교조적으로 일괄 적용하려는 데 있다. 다른 병에는 다른 처방이 필요하듯, 유럽과 역사환경이 다른 지역과 나라에서는 이러한 근대주의가 통할 리 만무하다. 반드시 다른 발생론을 적용해야 할 것이다. 그래서 일시 근대주의 기세에 눌려 숨을 죽이고만 영속주의를 발전적으로 재생시켜 그 합리성 여부를 따져보고자 한다. 물론, 민족론에 관한 한 유럽의 특수론을 무턱대고 부정하는 것은 아니다. 왜냐하면, 거기에는 민족구성요소 같은 보편적 요소들이 더러 포함되어 있기 때문이다. 거듭 강조하지만, 부정하고 경계하는 것은 창의적인 선택이나 적용이 아니라 무턱대고 교조적으로 추종하며 억지로 틀어 맞추려는 행태다.

　영속주의는 근대주의에 반해 민족의 원형이 씨족이나 종족에서 이루어졌기 때문에 민족은 결코 근대의 산물이 아니며, 오랜 역사과정에서 형성되어 상당한 역사기간 내에 존속한다는 민족 발생과 존속의 한 이론이다. 영속주의에 의하면 근대의 민족은 아주 오래 전에 발생한 민족의 '최근의 보기'일 따름이다. 지금까지 영속주의는 각이한 역사환경, 특히 유럽과 비유럽의 역사환경을 구별해 적용함으로써 주로 비유럽에서 그 합리성이 입증되어 왔다. 봉건적 분권상태가 해체되고 자본주의적 시장경제가 형성되면서 출범한 유럽의 민족과 장기간 전통으로 굳어진 중앙집권적 권력구조 속에서 역사의 이른 시기부터 형성되어 온 동양이나 기타 지역의 민족은 그 시원이나 형성 및 발달과정이 서로 다를 수밖에 없다. 그렇다고 전통 영속주의자들이 주장하는 것처럼 민족은 '초역사적인 보편적 실체'이거나 '영구불멸의 초역사적 상수(常數)'는 아니고, 특정한 역사시기에 출현해 존속하다가 사라지는 역사적 변수(變數)다. 그렇지만 그 역사적 존속기간은 상당히 오랜 것으로서 근대주의처럼 근대에 국한된 역사적 변수는 아니다.

 우리는 전통 영속주의를 새롭게 조명해 민족을 '초역사적인' 불변의 상수로 본다든가, 근대와 전근대 간에 문화집단의 저변에서 생겨나는 차이점을 간과하는 등 불합리한 시각은 교정하는 한편, 민족은 혈통, 언어, 관습 등 오랜 역사적 뿌리에서 자라나 그 어느 인간공동체보다도 규모가 크며 보편성을 지닌다는 합리적 시각은 수용해야 할 것이다. 지금까지 영속주의의 이러한 합리적 시각은 근대주의에 파묻혀 빛을 잃고 말았다. 민족의 발생과 존속을 단절이 아닌 전승으로 파악하는 영속주의에 의거하면, 민족과 민족주의가 지니고 있는 역사적 보편가치는 어느 정도 인정을 받게 된다. 뿐만 아니라, 근대와 전근대 간에 발생한 '정치성', '국제화', '영토성' 등에서의 차이점을 확대해석하면서 민족의 발생과 존속의 계승성을 부정하는 일련의 비역사적 오견도 극복할 수 있게 될 것이다.

보다시피 여기까지는 민족발생론의 통설에 따라 근대주의와 영속주의의 두 갈래를 비판적으로 살펴봤다. 무비판적으로 일변도화 된 근대주의는 자체가 안고 있는 여러 가지 모순점과 보편성의 결여로 인해 민족발생의 보편타당한 이론이 될 수 없음은 자명하다. 이에 비해 영속주의는 역사의 연속성이나 계승성을 인정하는 긍정적인 면과 더불어 '초역사성' 같은 부정적인 면을 동시에 내재하고 있어서 양면적인 접근이 필요하다.

사실 영속주의는 이러한 양면성으로 인해 근대주의에 밀려나게 되었으며, 근대주의의 무비판적 추종자들에게 외면당했던 것이다. 그러나 민족 발생의 역사성이나 민족의 존속성에 관한 한 영속주의는 상당한 긍정적 측면을 갖고 있다. 민족론 차원에서 굳이 시비(是非)와 공과(功過)를 따진다면, 민족발생의 선구적 이론으로 출현하고, 미흡하지만 창궐하고 있는 근대주의를 극복할 수 있는 일정한 이론적 근거를 제공해주고 있다는 점 등을 감안할 때, 시(옳음)가 비(그름)를, 공(긍정적 면)이 과(부정적 면)를 상쇄한다고 평가해야 할 것이다. 따라서 영속주의는 근대주의에 앞선 민족발생론의 중요한 한 갈래로 자리매김 되어야 할 것이다.

그러나 영속주의는 양면성에서 보다시피, 비합리적인 부정적 측면을 안고 있기 때문에 민족발생론에서 최적(最適)의 이론으로는 될 수가 없다. 아마도 최적의 이론으로 발돋음하자면 영속주의에 내재한 비합리적 측면(영원성)을 털어내고 합리적 측면(역사성과 계승성)을 살리는 것이 첩경일 것이다. 이 점을 간파한 일부 연구자들이 민족은 '영구불멸의 초역사적 상수'가 아니라, 특정한 역사시기에 발생해 단절 없이 연속적으로 존재하다가 조락한다는, 민족의 역사적 존망(存亡)을 거시적으로 조망하는 이론을 창출했는데, 그것이 바로 '연속주의(連續主義, continualism)'다. 연속주의의 핵심은 단절 없이 연속적으로 존속하다가 민족 간의 교류나 소통이 원만하게 이루어져 민족구성의 주·객관적 요소들 간의 차별이 점차 사라지면 구경에 가서 민족은 자연적으로 조락되고야 만다는 연속과 조락의 이론이다.

민족발생론에는 영속주의와 유사한 개념으로 쓰이는 원초주의(primordialism)가 있다. 이 두 가지 주의 간의 차별성을 주장하는 논자들에 의해 민족발생론이 근대주의와 영속주의, 그리고 원초주의의 3갈래로 나누기도 한다. 원초주의는 민족을 '원초적인 사회결속'으로 보고 '자연의 질서와 같은 원초적 성격'을 띠고 있다고 본다. 그러나 '원초적 사회결속'은 민족이 아니라 그 원형인 씨족이나 종족이며, 또한 민족이란 '자연의 질서와 같은 원초적 성격'을 띠고 있는 것이 아니라, 일정한 사회발전단계에서 형성된 사회적 결속이므로 원초주의를 민족발생론의 한 갈래로 분류하는 것은 무리로서 재고되어야 한다고 본다.

민족발생론과 관련해 우리 학계에서 혼동을 일으키고 있는 몇 가지 용어들이 있는데, 그 가운데서 '민족' 일어(一語)와 '민족체' 문제를 한번 짚어보고자 한다. 어떤 이는 한국에서 '민족'이란 단어가 20세기 초에 발간된 '대한매일신보'(1904~1910) 지상에 초견(177건)되었다고 해서 그 출현과 민족의 형성을 등치시(等値視)한 나머지 '민족'이란 단어가 새로이 등장하는 그 시기에 바로 한민족이란 근대민족이 만들어졌다고 주장한다. 이를테면, '민족' 일어가 근대주의의 '증거'로 둔갑한 셈이다. 그런데 이 말은 일본어로부터의 차용어(借用語)로서 서구로부터 민족론이 유입되면서 민족 개념을 정립하는 과정에서 일찍부터 써오던 '국민'이나 '백성', '겨레' 같은 낱말들의 대용어(代用語) 구실을 한 것으로 보인다. 그것이 사실이라면, 대용어이니만치 언어적 표현이 다를 뿐, 그 함의는 피대용어인 '국민'이나 '백성', '겨레'의 뜻과 별로 달라지지는 않았을 것이다. 사실 그러한 피대용어가 오늘의 우리가 파악하고 있는 민족 개념을 줄곧 내포하고 있었다. 다만 후출한 외래 차용어인 '민족'이란 말에 의해 대용되었을 뿐이다. 그래서 우리는 우리의 민족은 근대에 만들어진 것이 아니라 역사의 이른 시기(삼국시대, 늦어도 고려시대)에 형성되어 줄곧 존속해 왔다고 말한다. 따라서 '민족'이란 말을 민족 발생의 근대주의 '근거'로 삼으려는 것은 일종의 견강부회에 지나지 않는다.

차제에 '민족'이란 말과 관련해 짚고 넘어가야 할 문제가 하나 더 있다. 어떤 이는 우리나라에서 '민족' 일어(一語)가 갖는 이러한 역사적 특수성과 더불어 우리의 민족과 유럽의 민족(nation) 개념이 '다르기' 때문에 새로운 조어(造語)로 구별해야 한다고 제의한다. 그런데 문제는 우리의 '민족'과 유럽의 'nation' 간의 상이성(相異性)을 어떻게 이해하는가 하는 것이다. 원초성과 역사성을 동시에 지니고 있는 유럽의 다중적(多重的) 의미(多義的)의 'nation' 일어도 민족론의 범주에서는 우리가 이해하고 있는 그러한 '민족' 개념과 별 차이 없이 통용되고 있는 것이다. 다만 그 개념을 어떻게 해석하는가에서는 시각에 따라 상차를 보이고 있다. 더욱이 우리를 포함해 비유럽 지역에서의 민족 개념은 우리의 민족 개념과 일치시켜도 무리가 없을 정도다. 요컨대, 오늘에 와서 유럽이건 비유럽이건 간에 '민족'(nation) 일어는 거의나 보편성(일치성은 아님)을 획득한 개념이라고 봐야 할 것이다. 바로 이러한 개념의 보편성 때문에 우리는 유럽을 포함한 세계와 민족담론을 주고받을 수가 있는 것이다. 따라서 유럽의 'nation'과 구별되는 우리식 '민족' 일어를 구태여 새로 만들 필요는 없다고 본다.

또 하나의 혼동을 일으키고 있는 용어에는 '민족체'(nationality)가 있다. 일부 학자들은 부족사회 이후 출현한 인간집단을 전근대의 민족체와 근대의 민족으로 양분한다. 그러나 계승차원에서 보면 그 차이가 분명치 않으며, 그 계선은 질적 차이라기보다는 양적 차이에 불과하다. 그러므로 굳이 구별할 필요가 없이 민족 개념의 하나로 통합하는 것이 합리적이라고 사료된다. 자칫 근대의 민족론과 구별되는 전근대의 '민족체론'은 민족의 근대 출현을 합리화하는 구실로 이용당할 수 있다.

민족의 발생을 어떻게 해석하던 간에 일단 발생한 민족은 길고 짧음에 관계없이 하나의 역사적 변수로 상당한 기간 존재하게 마련이다. 그런데 그 존재방식에 관해서는 허상(虛像)과 실상(實像)이라는 상극적인 논리가 팽팽하게 맞서고 있다. 허상론에는 현란한 수식어들이 동원되고 있다. '이름뿐인 허상', '계약공동체', '매일 결속하는 의지공동체', '일종의 마술', '상상공동체', '민족주의에 의해 만들지는 것' 등 표현도 각양각색이다. 이러한 인식의 근원은 표현만큼이나 다양해 일일이 열거할 수가 없다. 다만 한 가지, 유럽에서 'nation'(민족)이란 실체가 어떻게 허상을 뒤집어쓰게 되었는가를 밝혀보는 것이 유의미한 것 같다. 허상론에 의하면 실체인 수많은 'ethnicity'(문화적 공동체)에 허구적인 정체성을 부여해 만들어낸 것이 바로 'nation'이라고 한다. 즉 실체를 허위로 묶어냈다는 것이다. 앤더슨이 민족(nation)을 '상상의(imagined) 공동체'라고 상상한 것도 바로 이 때문이다.

그런데 어원으로 따져보면, 'nation'은 라틴어 'natio'(자연)에서 유래되어 'natura'(자연)와 함께 'nasu'(출생)라는 뜻을 갖게 되었으며, 이것이 자연과 함께 출생한 자연적 동족공동체란 의미로 전화했다고 한다. 여기서 중요한 것은 'nation'은 애당초부터 어떤 인위적인 허상이 아니라 자연적인, 그래서 실존적인 동족공동체를 뜻했다는 점이다. 그런데 불가사의하게도 그러한 자연적인 실존체를 버젓이 인위적인 허상으로 꾸며놓고 있으니, 그것이 바로 '허상론'의 실체다. 자고로 천의(天意)를 자의(自意)대로 와전(訛傳)시키는 능수가 다름 아닌 몰지각한 인간일진대 가위 그럴 법도 하다고 하겠다.

이러한 어원적 함의와 더불어 민족은 사회역사적 엄존의 실체다. 민족은 일정한 지역에서 장기간 공동체생활을 영위함으로써 여러 가지 공통적 요소들을 공유한 최대 단위의 인간공동체로서 소정된 역사발전의 전 과정에서 항시적으로 기능하는 역동적인 실체다. 그럼에도 불구하고 보수와 진보를 가리지 않고 서로가 앞을 다투어 이러한 반역사적, 반민족적 허상론을 유포시키고 있는 현실이 실로 개탄스럽다. 더욱이 진보라고 자처하는 매체가 이러한 허상론의 '유력한 진원지'가 되고 있다는 사실은 개탄을 넘어 안타깝기까지 하다. 이 허상론은 이어 논하게 될 남북한민족론에까지 심각한 여파를 던지고 있다.

3. 남북한민족론

인위적으로 갈라진 국토와 민족을 하나로 되돌아오게 하는 것은 남북한 우리 겨레의 한결같은 민족적 숙원이다. 그렇다면 이 숙원의 근원적 당위성은 어디에 있는가? 앞에서도 언급했지만, 그것은 뭐니뭐니 해도 남북한은 하나의 민족이라는 데 있다. 그런데 이러한 엄연한 사실이 "눈 가리고 아웅'하는 식의 '타민족론'이나, '친구론' 같은 사이비 민족론에 잠식당하고 있으며, 그 여진으로 인해 통일운동은 원동력을 잃어가고 있다.

'타민족론'(실제는 '분족론')자들은 민족을 구성하고 있는 여러 가지 객관적 요소들의 공통성(공유성)이 점차 사라지고 있는 반면에 이질성이 두드러진다는 이유를 들어 남북한이 더는 한 민족이 아니라 다른 민족이라고 억설(臆說)을 부린다. 이런 억설 앞에서 일반인은 물론이거니와 지어 식자층이나 전문연구자들마저도 감응되어 갈팡질팡하고 있다. 혈연이나 언어의 이질성과 더불어 특히 경제적 이질성에서 '타민족론'은 탄력을 받고 있는 성싶다.

몇 가지 주장부터 들어보자. 이제 "역사공동체를 바탕으로 한 민족개념은 성립하기 어렵다.", "같은 민족이라는 것은 군더더기로 보인다. 대한민국 국민이라고 하면 충분하다. 여기에 같은 민족이라고 덧붙여 말할 필요가 전혀 없다.", "이렇게 완전히 다른 사회에 살고 있는 남과 북의 주민이 과연 하나의 민족국가를 형성할 수 있을까? 또 하나의 민족국가를 이루는 것이 두루 행복이 될까?", "북한 핵실험을 계기로 해서 우리는 민족이란 마술에서 깨어나 현실을 직시해야 한다." 민족이란 문화공동체인데 이제 남북은 '판이한 정치제도와 경제구조로 인해 더 이상 문화적 유사성을 공유하는 문화공동체'가 아니다. 이제 '핏줄로도 같은 민족이라고 할 수 없으니' 단일민족이란 근거는 그 어디에서도 찾아볼 수 없다. 등등. 한마디로, 남북한은 이제 더 이상 하나의 민족이 아니라는 것이다. 그 근거를 민족구성요소들의 공통성, 특히 경제적 공통성의 상실에 빗대어 찾고 있다.

물론 남북한 간에는 경제제도나 경제수준에서 차이를 보이고 있는 것은 사실이다. 그렇다면 그러한 차이 때문에 민족구성의 주요한 요인의 하나인 경제적 공통성이 이미 사라졌으며, 나아가 그로 인해 남북한은 더 이상 하나의 민족으로 남아 있을 수 없는 것인가? 흔히들 '그렇다'고 수긍하는데, 과연 그러한지 한번 따져보기로 보자.

원래 민족구성요소로서의 경제적 공통성이란 경제제도나 경제수준을 의미하는 것이 아니라, 경제의 기층구조(농업이나 공상업 등)와 경제생활(주로 의식주), 그리고 경제에 영향을 미치는 자연지리적 여건(기후와 부존자원 등)의 3대 요인에서 나타나는 공통성을 말한다. 역사적 경험이 보여주다시피, 봉건제도나 자본주의제도 등 각이한 경제제도나 경제수준을 겪어오면서도 경제적 공통성은 상실되지 않고 민족구성요로로서의 원초적 기능을 그대로 유지하게 되는데, 그것은 바로 위의 3대 요인 때문이다. 작금 남북한 간에 경제적 소통이나 경제제도 및 경제수준의 상호보완 같은 것은 이루어지지 않고 있어도, 이 3대 요인에 바탕한 경제적 공통성은 여전히 유지되고 있다고 봐야 할 것이다. 따라서 경제제도나 경제수준의 상차를 근거로 남북한의 단일민족성을 부정하고 타민족론을 주장하는 것은 현실에 대한 무지나 오판에서 비롯된 일종의 사설(邪說)에 불과하다.

혈연이나 언어, 문화면에서의 남북한 간의 차이와 공통성문제에 관해서도 경제적 공통성과 같은 실사구시한 문제의식으로 접근한다면 틀림없이 바른 이해가 도모될 것이다. 이것은 '타민족론'이나 '친구론' 같은 반민족론을 극복하는 데서 유력한 이론적 무기가 될 뿐만 아니라, 분명히 통일운동의 활력소로도 기능하게 될 것이다. 최근 연간 남북한 '타민족론'이 기승을 부리는데다가 설상가상으로 다민족, 다문화가 엄습하면서 단일민족론이 더욱 위축되어 가고 있다. 크게 우려되는 형국이다. 그러나 우리에게는 다민족, 다문화문제를 슬기롭게 풀어온 역사의 거울이 있다.

우리가 주장하는 단일민족론은 혈연이나 언어의 순수성에 의한 '순수민족론'이 아니라, 오랜 공동체생활 과정을 통해 생활문화나 의식 구조 면에서 동질성과 일체성이 확보됨으로써 민족 구성의 제반 요인들이 충족되어 형성된 하나의 민족이라는 뜻이다. 이것은 우리의 민족사에 의해 실증된 엄연한 사실(史實)이다. 공식통계에 의하면 우리나라 275개 성씨 가운데서 무려 136개 성씨가 외래의 귀화성이다. 그 중 40개는 신라시대에, 60개는 고려시대에, 30개는 다들 '은둔국'이니 '쇄국'이니 하는 조선시대에 귀화한 것이다. 한마디로, 우리나라는 다민족 다문화 국가다. 그럼에도 불구하고 우리가 '단일민족'이라고 자부하는 것은 무슨 까닭일까? 고려시대의 실례로 그 까닭을 짚어보자.

고려 초기 1백 년 동안 외래인 17만 명이나 귀화하였다. 당시 고려 인구가 약 230만 명이었으니 귀화인은 근 7.4%를 차지한 셈이다. 오늘날은 귀화인과 상주 외래인을 다 합쳐도 그 수가 2%도 채 안 된다. 그럼에도 불구하고 마치 다민족사회나 다문화사회가 이미 되어버린 것처럼 사회 전체가 야단법석이며 호들갑을 떨고 있다. 그러나 우리 민족사의 성국(盛國) 고려는 전혀 그렇지 않고 슬기롭게 대처했을 뿐만 아니라, 귀화문제 해결에서 세계의 수범을 보여주었다. 고려는 튼튼한 국력과 높은 문화적 자부심을 바탕으로 '내자불거(來者不拒)', 즉 '오는 자는 거절하지 않는다'라는 당당한 귀화정책을 쓰면서 유례없는 포용과 우대의 선정을 베풀었다. 그래서 고려라는 큰 용광로 속에 귀화인들은 스스로가 용해되어 비록 생물학적 피야 하나로 될 수 없었지만, 피를 제외하고는 생활문화나 의식구조 면에서 단일민족 구성에 하등의 하자가 없는 동질성과 일체성이 확보됨으로써 구경에는 완벽한 하나의 민족으로 응결되었던 것이다.

신라나 조선시대도 마찬가지다. 우리처럼 다민족, 다문화문제를 지혜롭게 해결함으로써 명실상부한 단일민족 단일문화체를 이루고야만 실례는 역사에 흔치 않다. 우리는 역사를 귀감으로 삼아 단일민족으로서의 자부와 긍지를 깊이 간직하고 이에 반한 '타민족론'을 지양해야 할 것이다. 조상이 물려준 보배로운 단일민족 유산을 하찮은 구실을 붙여 말살하려는 것은 조상에 대한 불초이고, 역사에 대한 거역이며, 민족에 대한 대죄다.

'타민족론'과 더불어 지적하지 않을 수 없는 것이 근간에 튀어나온 이른바 '친구론'이다. 진보를 표방하는 어느 한 정당의 정책연구소가 펴낸 홍보책에는 남북한이 '1민족 2국가'라는 특수한 관계 속에서 서로를 '형제이자 주적'으로 인식하고 있는 극단상황을 극복하는 데는 남북관계를 특별한 '친구관계로 전환'하는 길밖에 없다고 강변한다. '형제이자 주적'이라는 동서고금에 없는 반인륜적 관계를 '친구'라는 미명으로 절충시키려는 기발한 술수다. 말로는 '남북기본합의서' 같은 공문서에 적힌 대로 남북한은 '1민족'이고 '형제'라고 하지만, 실제로는 더 이상 한 민족, 한 형제가 아님을 전제로 한 발상이다. 형제면 끝까지 형제여야 하지 어떻게 좀 귀찮다고 해서 형제가 '친구'로 돌변할 수 있는가. 이것은 일종의 패륜이다. 이러한 발상은 그 주재자(主宰者)들의 민족과 민족주의에 대한 근본적인 오해와 편견에서 비롯된 것이다.

누가 뭐라고 해도 남북한은 하나의 민족으로, '친구' 아닌 형제로, 피를 나눈 혈육으로 살아가고 있으며, 앞으로도 영원히 그렇게 살아갈 것이다. 이러한 신념이 없이 민족의 다시 하나 됨을 외치는 것은 공염불에 불과하다.

4. 민족 개념

앞에서 민족이 무엇으로 구성되어 있고, 언제 발생하여 어떻게 존속하다가 조락하는가 하는 민족의 '생애'(생성과정)를 살펴보면서 우리의 민족문제에 관한 몇 가지 시각 조정도 시도하였다. 이제 남아 있는 문제는, 그렇다면 민족이란 과연 무엇인가 하는 개념 정의다. 그런데 보다시피, 민족론 전반이 그러하거니와 특히 민족문제 연구에서 난맥상을 보이면서 이론이 분분하다. 민족의 발생론을 비롯한 근본적인 문제에서조차 상극적인 논쟁의 지속되고 있으며, 냉전시대의 종언을 계기로 많은 민족문제가 새롭게 발생해 해결을 기다리고 있다. 보다 엄중한 문제는 아직껏 민족문제 연구가 일방적으로 유럽학계에 의해 주도되고 있음으로써 비유럽세계의 민족문제 연구가 실사구시(實事求是)하게 이루어지지 못하고 있는 점이다. 이런 마당에 민족의 개념 정의가 과연 가능할까 하는 회의론이 적잖다. 지어 "민족을 정의하는 단일하고도 객관적인 기준은 사실상 존재하지 않는다"고 못박으면서 정의 불가론까지 제기하고 있는 상태다.

이러한 회의론과 불가론을 야기시키는 데는 시각에 따라 민족과 유사개념으로 비쳐지는 몇 가지 용어에 관한 해석상 혼란도 한몫한다. 그 대표적인 것이 선민족(pre-nation, 혹은 proto-nation)과 전근대민족(pre-modern nation 혹은 traditional-nation), 근대민족(modern nation), 민족체(nationality), 신〈현대〉민족(neo-nation 혹은 형성 중의 민족 nation in the making) 간의 개념 혼동이다. 물론, 민족발생의 근대주의 논자들에게는 '선민족'이나 '전근대민족' 같은 개념은 아예 무시될 것이지만, 영속주의이나 연속주의 논자들에게는 명확한 개념 및 상호관계 정립이 절실히 요망되는 사항이다. 이 다섯 가지 민족류(類)는 공히 민족이란 총체적 범주에 속한다. 그러나 오늘날 일반적으로 민족이라고 할 때는 근대민족을 지칭한다. 이러한 민족들의 개념이나 서로의 관계는 구체적 상황에 따라 다르므로 그 보편성을 논할 수밖에 없다. 특수성을 귀납해 일반화하는 것이 보편성인데, 시·공간적으로 천차만별의 민족류를 논급하는 데서 보편성을 찾기란 쉽지 않다.

선민족이란 고대에 혈연공동체인 부족으로부터 본질적으로 즉자적 민족공동체인 전근대민족으로 이행하는 과도기의 인간공동체다. 선민족은 비교적 한정된 지역 내에서 장기간의 역사적 경험을 공유함으로써 혈연과 언어, 문화, 경제면에서 1차원적 공통성을 갖게 되며, 자연발생적인 연대의식이나 귀속감이 생겨난다. 따라서 부족은 민족의 맹아이며, 선민족은 민족의 시조라고 말할 수 있다. 엥겔스가 인류의 고대사를 밝히는 과정에서 부족이나 부족연합으로부터 발전해 형성된 고대사회의 인간공동체를 준(準)민족체(völkerschaft)라고 지적했는데, 그것이 바로 이 선민족에 해당된다. 우리나라의 경우 3국 시대가 이 선민족 시대라는 주장이 있다.

전근대민족이란 중세에 선민족으로부터 본질적으로 대자적 민족공동체인 근대민족으로 이행하는 과도기의 인간공동체다. 전근대민족은 혈연과 언어, 문화, 경제, 지역 면에서 보다 확대된 2차원적 공통성을 지니며, 한정적이나마 민족의식이 개발되고 통일국가의 주도 하에 애족애국이념이 형성되기 시작함으로써 점차 혈연공동체로부터 문화공동체로 변모한다. 일부에서 말하는 민족체는 이 전근대민족에 근접되는 개념이다. 우리나라의 경우, 통일신라시대와 고려시대 및 구한말까지의 조선시대가 바로 이 전근대민족시대에 해당될 것이다. 그러나 전근대민족과 후술할 근대민족은 계승차원에서 보면 그 차이가 분명치 않으며, 그 계선은 질적 차이라기보다 양적 차이에 불과함으로 굳이 구별할 필요 없이 민족의 개념에 하나로 통합시키자는 견해도 있음을 상기한다.

신(현대)민족이란 대체로 부족이 지배하던 시기에 서구열강의 식민지로 전락되었다가 독립을 쟁취한 국가들에서 국민에 속하는 부족들을 융합해 현대적인 인간공동체를 만듦으로써 형성되는 새로운 민족을 말한다. 이러한 민족들은 일반적으로 선민족으로부터 전근대민족으로, 다시 근대민족으로 성장하는 정상적인 발달궤적을 거치지 않고 비약적으로, 초단계적으로 민족을 형성해가고 있다. 그래서 '형성 중의 민족'이라고 일컫는다. 이들이 어떻게 민족구성의 제 요소들을 갖춰가면서 완벽한 민족(대자적 민족)을 형성해나가고 있는가 하는 문제는 매우 흥미 있는 민족론의 새로운 현실적 연구 분야다.

이제 남은 것은 근대민족이다. 이 시점에서 우리가 흔히 말하는 민족은 바로 이 근대민족을 지칭한다. 민족류에 속하는 이상의 여러 민족들은 명칭으로부터 내용에 이르기까지 아직 학문적으로 정립이 되지 않은 채 논자들이 자의적으로 다루고 있다. 사실 선민족이니 전근대민족이니 근대민족이니 신(현대)민족이니 하는 각이한 명칭들을 구체적으로 살펴보면 명명 근거가 통일되어 있지 않고, 명확치도 않다. 그런데 엿볼 수 있는 한 가지 공통성은 대체로 유(類)마다가 소정된 역사시대를 반영하고 있다는 점이다. 즉 선민족은 고대를, 전근대민족은 중세를, 근대민족은 근대를, 신(현대)민족은 현대를 각각 반영하고 있다. 이러한 점을 감안해 선민족은 '고대민족'으로, 전근대민족은 '중세민족'으로, 근대민족은 그대로, 신〈현대〉민족은 '현대민족'으로 각각 개칭하는 것이 이해나 사용에서 명확하며 편리하다고 보인다. 전문연구자들로부터의 논단(論斷)이 기대된다.

근대민족의 개념에 관한 정의는 민족론에 대한 시각에 따라 실로 다양하다. 우선, 작금 고전처럼 인용되는 서구학계의 대표적 정의 한두 가지만을 다음과 같이 소개하려고 한다. 우선, 스미스의 인종공동체설이다. 그는 근대에 이르러 인종공동체(ethnic community)로부터 민족이 형성되었다고 주장하면서 민족을 "공동의 역사적 영토, 공통의 신화와 역사적 기억, 대중과 대중문화, 공통의 경제와 공통의 법적 권리, 그리고 모든 성원들에게 지워지는 의무를 공유하는 인간집단들"이라고 규정한다. 조금은 번거로운 이 규정에서 보다시피, 스미스는 표면상으로는 영속주의를 거부하지만, 실제에 있어서는 민족의 역사성을 강조함으로써 영속주의적 내색을 드러내고 있다. 그의 규정은 객관적 민족형성의 여러 요소들은 누누이 강조하지만, 민족의식이나 이념과 같은 주관적 요소들에는 응분의 관심을 돌리지 않고 있다. 이것이 스미스의 민족론에서 노정되는 한계점이다.

다음으로, 스탈린은 민족이란 "공통의 문화에 나타나는 심리적 성격 및 언어, 지역, 경제적 생활의 공통성에 기초하여 이루어진, 역사적으로 형성된 사람들의 안정적 공동체다"라고 정의한다. '공통의 문화에 나타나는 심리적 성격'이란 말은 애매모호한 표현인데, 민족의식이나 이념, 사상, 이데올로기 같은 근대민족 형성의 주관적 요소를 묵시(黙示)한 것으로 보인다. 유물사관에 기초해 내린 스탈린의 정의는 어디까지나 근대민족에 국한시키다보니 민족의 역사성이나 연속성은 도외시되고 있다. 이것이 스탈린 민족론의 허점이다.

끝으로, 국내 학계의 동향을 살펴보면, 대체로 서구학계의 민족 허상론에 입각해 내린 허구적 정의를 따르고 있는데, 그 구체적 이해는 각각이다. "민족은 근대 이후 우리의 필요에 의해 만들어져 확산된 엔티티(entity, 실체)이다. 엔티티는 실제로 존재하는 지 여부를 떠나 우리가 존재한다고 여긴다는 뜻에서 붙여본 것이다"라고 민족을 필요에 의해 만들어진 엔티티(실체)라고 하는 이해다. 실체를 가상(假想)하는 자체가 일종의 허구다. 그런가 하면 다른 한 가지 허망한 이해는 1백 년 전에 르낭(E. Lenan)이 한 말을 답습해 "민족이란 개개인이 함께 살고 있는 사람들과 공동의 삶을 계속하기를 결정하는 '매일매일의 국민투표'로 성립되는 의지공동체"라고 하는 것이다. 민족을 '엔티티'로 가정해 봤지만, 결국 반(反)엔티티적인 허상에 귀결시키고 마니, 더 이상의 개진은 없이 그것으로 매듭되고 만다. 또한 민족이란 의지가 투합된 사람들과 그날그날의 기분에 따라 '투표'로 결정하는 공동체이기 때문에 민족은 결코 정착되거나 정형화된 실체일 수가 없다. 한마디로 민족은 종잡을 수 없는 허상일 뿐이다.

그나마 다행스러운 것은 이에 반한 실재론적 정의도 여러 모로 시도되고 있다는 사실이다. "민족은 주로 자연환경을 경계로 느슨하게 산재해 있던 씨족, 종족이 국가권력과 같은 정치사회적 힘에 의해 언어와 풍습 등이 통일된 공동체다"라고 규정하는가 하면, 좀 더 보충적으로 "민족은 언어, 거주하는 지리적 범위, 경제생활과 문화, 동류로서의 공속의식(共屬意識)을 공동으로 가지며, 역사적으로 형성된 인간집단이다"라고 내리는 정의 등이 바로 그것이다. 완벽하지는 못하지만 민족 구성론이나 발생론 및 존재론에 크게 다가선 입론들이라고 평가하지 않을 수 없다.

필자는 이상의 여러 가지 내용들을 참조·종합해 나름대로 다음과 같이 민족 개념을 정의한다. 즉 "민족이란 일정한 지역에서 장기간 공동체생활을 함으로써 혈연, 언어, 경제, 문화, 역사, 지역 등을 공유하고 공속의식과 민족의식에 따라 결합된 최대 단위의 인간공동체로서 소정된 역사발전의 전 과정에서 항시적으로 기능하는 엄존의 사회역사적 실체다."

II. 민족주의 담론

한국에서의 민족주의 담론은 민족주의 골격에서 세포에 이르기까지 논쟁거리로 꽉 차있다고 해도 과언이 아니다. 민족주의 정의와 성격에서부터 출현과 전개과정, 유형과 기능, 담론의 필요성과 개념 정립의 가능성 여부에 이르기까지 논쟁과 반론에서 자유로운 부분이 거의나 없다시피 하다. 근간 서구에서는 잠잠한데, 왜 우리 한국에서는 이토록 담론이 치열할 수밖에 없을까?

　그것은 우선, 민족분단이라는 우리만의 특수한 환경 때문일 것이고, 다음은, 우리의 연구가 상대적으로 미흡한 데서 오는 귀결일 것이다. 그러나 역설적으로 이 시대가 안고 가야할 난제의 하나인 민족론을 새롭게 정립하는 데서 우리에게 주어진 호기일 수도 있다. 그것은 민족론에 관한 한 지금까지 금과옥조(金科玉條)처럼 여겨오던 서구의 이론이 더 이상 이 시대에 통용되는 보편이론일 수가 없기 때문이다.

　자칫 민족주의 담론이 이렇듯 격렬하고 논의가 다양한 것은 민족주의 자체에 무슨 문제가 많아서 그런가보다 라고 생각할 수 있는데, 사실은 그렇지 않다. 이념이고 의식구조이며 생활모습인 민족주의는 연대의식과 수호의지 및 발전지향성이라는 고유의 근본속성으로 인해 줄곧 역사적 보편가치로서의 기능을 수행해 오고 있다. 그러나 우리가 주목하고 바로 이해해야 할 것은 민족주의를 다루는 사람들(연구자나 실천가)이 주관적인 입장이나 시각, 지적 수준이나 실천능력에 따라 민족주의를 자의로 재단함으로써 오해와 왜곡이 생기며, 이에 수반해 격론이나 공박이 일어난다는 사실이다.

　요컨대, 민족주의를 '큰 나무'에 비유하면, 그 음덕(蔭德)을 입는답시고 왁자지껄하며 찾아든 사람들에 의해 나무가 마구 흔들리고 비틀어지며 가지가 휘어지거나 꺾여 결국 음덕은 고사하고 오히려 애물단지로 변한 형국이라 하겠다. 물론, 개중에는 음덕을 제대로 찾아 입는 사람도 있기는 하다. 아이러니한 것은 민족주의가 원래는 '전가의 보검'이었는데, 어느 때부터인가 '동네북'으로 전락하면서 마구 처대는 바람에 화음보다는 파열음이 더 요란하다는 우리의 현실이다.

여기 새겨둘 만한 사례 하나가 있다. 우리의 한 사학자는 "민족에 대한 사랑과 진리에 대한 믿음은 둘이 아니라 하나다"라는 유언을 묘비명으로 남겼다. 그는 '민족에 대한 사랑', 즉 민족주의는 하나의 진리라고 굳게 믿기에 세계사적 보편성과의 연관성을 도외시한 우리의 일부 민족사학자들을 신랄하게 질타한다. 그것은 민족주의 그 자체에 문제가 있어서가 아니라, 그것을 다루는 사학자들의 비민족주의적인 편협성 때문이다. 그래서 그들은 '민족에 대한 사랑'을 민족주의란 '진리'로 승화시키지 못한 것이다.

1. 민족주의 시원론과 전개론

민족주의가 언제 어디서 탄생했는가 하는 시원론에서 서구적 시각과 비서구적 시각 사이에는 현격한 차이가 존재하지만, 민족주의가 민족에 수반한다는 전제만은 공통적이다. 서구적 시각은 한마디로 근대화론이다. 민족발생의 근대화론과 마찬가지로 민족주의도 민족국가 건설의 부산물(수반물)로서 근대에 출현했다는 것이다. 즉 서구에서는 민족주의가 근대 시민혁명이나 자본주의 진입과 더불어 출현한 민족국가와 함께 나타났다는 것이다. 이 서구의 근대화론을 통째로 삼키는(간혹 약간한 양념을 치기는 하지만) 대부분의 한국 논자들은 한국의 경우 민족주의는 19세기 말 일제의 내침을 계기로 저항적 민족주의로부터 출발했는데, 동학농민운동이나 위정척사, 개화운동 등이 그 구체적 표현이라고 주장한다.

그러나 앞에서 살펴본 바와 같이 서구에서도 민족이 근대 이전에 출현했다는 조짐이 속속 드러나고 있다. 이러한 사실을 고려할 때, 서구의 민족주의도 민족에 수반해 근대 이전에 출현했을 개연성이 충분하다. 한국을 비롯한 동양의 경우, 민족이 근대화의 산물이 될 수 없듯이 민족주의도 근대화나 민족국가 건설의 부산물이 아니라, 민족의 원형이 형성되기 시작한 때부터 출현해 통일적 민족국가 건설과정에서 더욱 성숙해 갔던 것이다. 따라서 민족주의가 저항적 민족주의로부터 출발했다는 설도 납득이 안 간다. 왜냐하면 전통적 동양사회에서 민족주의는 민족의 내생적(內生的) 동반자이기 때문이다. 그러나 민족주의는 일종의 잠재적 의식이고 축적이 필요한 이념이기 때문에 민족이 발생했다고 해서 즉각적으로 형성되는 것이 아니라, 상당한 기간을 거쳐 점진적으로 이루어진다. 그래서 그 맹아기(萌芽期)는 선민족(고대민족)시기로 소급할 수 있지만, 형성기는 전근대민족(중세민족)시기로 잡는 것이 합리적일 것이다. 요컨대, 민족주의는 근대민족 이전 시기에 이미 형성되었다는 것이다.

이렇게 민족과 민족주의는 불가분의 관계에 있는데, 일부에서는 민족주의의 현실적 위력 앞에서 느닷없이 민족은 허상이나 민족주의는 실재라는 자가당착적 주장을 스스럼없이 내놓고 있다. 뿐만 아니라, 아시아나 아프리카에서의 '민족 없는 민족주의'나 식민지하에서의 외부요인에 의한 '외생적(外生的) 민족주의' 등을 운운하고 있다. 그러나 이러한 민족주의는 주로 일부 상층이나 엘리트 속에서 공염불로 유행할 뿐, 전체 사회구성원의 공유물로는 내장(內藏)되어 있지 않다. 그리고 이러한 주장은 전근대적 민족주의는 무시한 채 근대적 민족주의만을 염두에 둔 편단으로서 사실상 민족주의 담론 범주에 속할 수 없는 무용지담(無用之談)에 불과하다.

이렇게 출현한 민족주의가 어떻게 전개되고 있는가에서도 서구와 비서구는 확연한 간극을 보이고 있다. 민족이나 민족주의 형성을 근대에 국한시킨 서구에서는 애당초 계몽주의의 전통을 이어받은 자유주의나 사회주의를 보편적인 사상흐름으로 받아들이면서 민족주의는 비서구에서나 기능하는 특수흐름으로만 몰고 간다. 그리하여 서구에서의 민족주의 전개과정은 미미할 수밖에 없다. 게다가 민족주의 정립 불가론이 대두되면서 서구에서 민족주의는 이론 실천적으로 활력을 얻을 수가 없었다. 그 결과 서구학계는 비서구 세계에서 활발하게 전개되고 있는 민족주의에 대해 평가절하하거나 냉소적일 수밖에 없었다.

그러나 오늘날 민족주의가 거센 흐름을 타고 세계 도처에서 맹위를 떨치자, 서구학계에서도 더러는 제대로 된 평가를 시도하고 있다. 이 경우를 두고 '울며 겨자 먹기'로 해석해도 무방할 것이다. 민족을 '상상의 공동체'라고 낙인한 앤더슨마저도 저의는 분명치 않으나 한국에 와서 "21세기에도 민족주의는 번성할 것이다"라고 한 일성이 그 대표적 일례다.

최근 연간 중남미와 중근동 지역에서 외세의 압력을 막아내고 민족적 독립을 수호하기 위해 자신들의 고대문명이나 우수한 전통에서 민족적 정체성을 되찾기 위한 바람직한 노력을 경주하고 있다. 예컨대, 볼리비아 대통령 차베스는 민족수호 의지를 19세기 초반에 활동한 중남미 민족주의 아버지라고 불리는 시몬 볼리바르의 민족주의사상과 연계시켜 이른바 '볼리바리안 혁명'을 추진하고 있다. 중근동에서 아랍-무슬림들의 전통사상인 이슬람을 반외세투쟁의 강력한 무기로 삼는 것도, 그리고 중앙아시아에서 잊힌 이슬람의 복원을 민족 정체성의 회복으로 간주하는 것도 같은 맥락에서이다. 유사한 현상은 지금 세계 도처에서 성난 파도처럼 세차게 일어나고 있다.

누구는 이런 경향을 민족주의 '신조류(新潮流)'라고 이름한다. 물론 그 모양새가 새로워서 그렇게 부를 수도 있겠지만, 기실은 '신조류'가 아니라 '민족수호'란 민족주의 근본속성에 의한 자연스러운 한 발현이다. 아무튼 여러 가지 새로운 형태와 대안으로 도처에서 민족주의가 활기를 띠고 있는 현상은 대단히 유망한 조짐이다.

한국에서의 민족주의 전개과정에 관한 연구는 대체로 서구적 통념에서 벗어나지 못한 채 근대적 민족주의 전개과정에만 맴돌면서 근대적 민족국가 건설을 기준으로 삼아 그 과정을 단계화하고 있다. 대표적인 일례가 3단계론이다. 제1단계는 일제 강점기의 저항적 민족주의 시기이고, 제2단계는 민족분단과 통일을 과제로 한 시기이며, 제3단계는 1980년대 말에서 현재까지의 시기로서, 이 시기에는 계급분화와 자본의 국제화가 진척되어 민족국가 건설이 새로운 차원에서 전개되고 있다는 것이다. '자본의 국제화'가 진척되고 있다는 것은 이해되지만, '계급분화'가 진척되고 있다는 데 대해서는 시기를 가를 수 있을 만큼의 그 어떤 획기적인 '계급분화'가 일어났었는지 여부에는 수긍이 얼른 안 간다.

보다 흥미로운 것은 이른바 '사다리 5단계론'이다. 그 5단계는 ① 구한말~1905, ② 1905~1910, ③ 1910~1945, ④ 1945~1990, ⑤ 1990~현재. 풀이하면, 민족주의는 '사다리'인데, 근대가 밑다리이고, 한 계단씩 올라온 맨 윗다리가 국가 건설로 그것이 바로 민족주의 착점(着點, 도착점)이라는 것이다. 이 이론에 의하면 한국 민족주의는 이미 네 칸 사다리는 올라왔는데, 통일된 민족국가가 아직 건설되지 못했기 때문에 민족주의가 그 착점까지는 도달하지 못했다고 한다. 윗다리까지 올라가서 통일된 민족국가가 건설되면, 즉 통일이 되면 민족주의는 더 이상 필요 없다는 논리이다. 언뜻 봐서는 그럴싸한 논리이지만, 실은 민족주의 조락론(凋落論)이다.

이상의 단계론은 모두가 그 기점을 근대로 잡았기 때문에 민족주의 역사적 전개과정의 완결론일 수가 없다. 한국의 경우 민족주의 전개과정을 굳이 단계화한다면 근대국가 건설을 기준으로 할 것이 아니라, 전근대적 민족주의 전개과정과 근대적 민족주의 전개과정을 대별해서 그 특징과 성격을 구체적으로 구명하면서 편의주의(便宜主義)가 아닌 합리적인 근거에 준해 단계를 구분해야 것이다.

2. 민족주의 유형론

사물의 유형화는 사회과학 연구방법의 기초다. 과학적인 연구방법에 의해서만이 합리적인 유형화가 가능한데, 여기서 중요한 것은 기준의 선택이다. 기준의 선택과 준수는 유형화의 생명이다. 작금 민족주의 유형화에서 나타나고 있는 난맥상은 이 논리를 반증하고 있다. 원래 연대의식과 수호의지 및 발전지향성을 근본속성으로 하는 민족주의 자체에는 무슨 '배타적 민족주의'이니, '종족적 민족주의'이니 하는 유형화가 따로 있을 수 없다. 왜냐하면 역사적 및 진보적 보편가치로서의 민족주의는 그 고유의 속성에 반하는 보수성, 배타성, 폐쇄성, 반역성 같은 부정적이며 비생산적인 악성(惡性)을 불허하기 때문이다. 물론 속성이 어떻게 발현되는가 하는 내용이나 성격, 형식에 따라 이러저러한 민족주의 딱지를 붙일 수 있다. 그러나 이것은 어디까지나 연구자나 실천자의 수요나 편의에 따르는 임시적 방편에 불과한 것이다. 시·공간적으로 그토록 다양할 수밖에 없는 속성의 표출을 갖가지 유형으로 박제화(剝製化)하는 것은 언필칭 무리이며 무용(無用)하다고 지적하지 않을 수 없다.

그럼에도 불구하고 각양각색의 인위적이며 사이비적인 민족주의가 유령처럼 난무하고 있다. 잡화점 매대를 방불케 할 정도로 하도 난잡해서 도무지 논리정연한 유형화를 기대할 수가 없다. 그래서 그 명칭만의 나열에 그치려고 한다. 내용상 대응되는 명칭은 한데 엮어본다. 문화적 민족주의와 정치적 민족주의, 시민적 민족주의와 종족적(혈통적) 민족주의, 내생적 민족주의와 외생적 민족주의, 민족 없는 민족주의와 민족 있는 민족주의, 저항적 민족주의, 배타적 민족주의와 열린 민족주의, 나치즘적 민족주의, 정념적(情念的) 민족주의, 분단 민족주의, 혁명적 민족주의, 국가주의적 내셔널리즘, 종족적·문화적 민족주의, 국가가 주도하는(state-led) 민족주의, 국가가 추구하는(state-seeking) 민족주의 등등. 이루 헤아릴 수가 없다.

역사변화에 노출되어 타 이념들과의 혼재를 면할 수 없음에도 불구하고 엄연한 이념적 논리와 내재적 구조를 갖추고 있는 민족주의를 교조적으로, 비논리적으로, 의도적으로 마구 두부모 자르듯 유형화하는 것은 민족과 민족주의에 대한 무지나 오해, 남용이나 악용에서 비롯된 경솔한 작태다. 민족과 민족주의에 대한 바른 이해가 도모될 때만이, 이러한 난맥상은 비로소 극복될 것이다.

민족을 지켜내고 발전시키기 위해서는 저항할 때는 저항하고, 시민성을 발휘해 연대의식이나 동질성을 강화해야 할 때는 그렇게 해야 한다. 이렇게 경우에 따라서 민족주의라는 유리한 무기를 효용(效用)할 수도 있다. 다른 민족을 배타할 때는 배타적 민족주의가 아니라 민족배타주의로서 민족주의와는 무관한 별종의 주의다. 진정한, 그리고 본연(本然)으로서의 민족주의는 절대 배타적이거나 폐쇄적일 수가 없고 열려있으며 남과 어울리고 남의 것을 창의적으로 받아들여 자기를 키워간다.

3. 민족주의 기능론

다들 한국에서의 민족주의가 점하는 현실적 중요성을 한결같이 인정하고 있다. 민족주의는 한국 사회에서 '최강의 이데올로기'이고, 이념들 중 '부침 없는 지존의 위치'를 유지하고 있는 이념이며, 한반도를 통틀어 '유일한 정치이념'이며, 한반도 '전체 대중의 정서가 깊이 뿌리박고 있는' 이념이라고 하는 등 중구여일(衆口如一)에서 그 중요성이 여실히 증명되고 있다. 그런데 아이러니하게도 민족주의가 이렇게 중요하고 절박하다고 하면서도 그 기능에서는 순기능보다 역기능이 훨씬 더 많이 부각되고 강조된다. 이것은 분명 어딘가에 문제가 있는 이율배반적 괴현상이다. 그래서 그 민낯을 몇 가지 실례를 들어 파헤쳐보려고 한다.

1) 권력지향적 기능론 어떤 이는 민족주의를 "민족에 기반을 둔 국가의 형성을 지상목표로 하고, 이것을 창건, 유지, 확대하려고 하는 민족의 정신상태나 정책원리 또는 그 활동"이라고 규정한다. 또 다른 이는 민족주의란 "간단히 민족(nation)과 민족국가(nation-state)를 충성과 정체성의 단위로 설정하는 근대적 정서 및 이데올로기"라고

정의한다. 이것은 민족주의를 근대 민족국가 건설과 밀착시키는 권력지향적 기능론이다. 표현은 조금씩 달라도 많은 사람들이 이러한 기능론에 기울고 있다. 어느 한분은 정치권력과 민족주의를 '날줄과 씨줄로 함께 짜여있는 텍스트'에 비유한다.

물론 민족주의가 때로는 시대의 요청에 따라 이러한 기능을 주 기능으로 선정하고 그 수행을 위해 전력투구할 수 있다. 그러나 민족주의는 권력지향적 기능 말고도 민족국가 건설 전후에 수행해야 할 여러 가지 기능이 따로 있다. 그럼에도 불구하고 민족국가 건설을 민족주의 일반의 '지상목표'로 내세우는 것은 일종의 편단이다. 때로는 건설된 민족국가를 지켜내는 것이 최상의 목표일 수가 있고, 때로는 민복(民福)이 민족주의가 추구해야 할 지상목표가 될 수도 있다. 바로 이러한 편단된 기능론 때문에 민족국가 건설을 민족주의 '사다리'의 착점으로 착각하고, 일단 오르게 되면 민족주의를 폐기해야 한다는 단계론까지 나오게 된 것이다.

2) 사회운동적 기능론 적잖은 논자들은 민족주의는 오로지 격렬한 운동성을 띠고 있음으로 어떠한 규범이나 분석틀로도 가두어 놓을 수 없는 변화무쌍한 행로를 밟는 사회운동이라고 못박는다. 그러면서 외견상 가장 역동적인 저항적 민족주의를 그 발원지로 지목하고 저항과 '반역'이 수반된 사회운동을 그 주 기능으로 여긴다. 그리하여 민족주의를 강압이나 폭력의 온상으로 치부하고 경계를 당부한다. 그리고 일단 사회운동이 끝나면 민족주의가 그 존재이유를 상실했다고

하면서 사회로부터의 추방을 주문한다.

참된 민족주의자는 민족주의의 사회운동적 기능을 일괄 부인하지는 않는다. 왜냐하면 그러한 기능에 의해 사회는 변혁되고 발전되어 가기 때문이다. 문제는 이 역시 민족주의가 담당해야 할 기능의 전부는 아니라는 점이다. 더욱이 이러한 기능을 빌미로 삼아 민족주의를 폭력과 배타의 온상이나 진원지로 낙인찍는 것은 극히 온당치 못한 매도다. 진정한 민족주의자는 열렬한 사회운동가인 동시에 포용과 의협심을 겸비한 사회의 유능한 계도자다.

3) **반계급적 기능론** "계급모순이라는 기본적인 문제를 덮어버리는 것이야말로 민족주의의 가장 큰 폐단"이라고 한다든가, 민족주의는 계급적 차별을 무시한다든가 하는 등 민족과 계급을 대치시키는 견해가 바로 이 '반계급적 기능론'의 핵심이다. 이러한 2분법적 흑백 기능론은 대체로 마르크스주의 계급론에 빗대어 나온 것 같은데, 빗댈 데 빗대야 하지 잘못 어긋나게 빗대면 어불근리(語不近理)의 조롱거리가 되고 만다. 계급은 민족 내부에서 일어난 사회적 분화현상으로서 민족을 떠난 계급이란 존재할 수 없고, 민족론을 떠난 계급론은 무의미하며 입론이 불가한 것이다. 소정된 역사시대에 계급은 변해도 민족은 상수로서 조락할 때까지 간단없이 연속(連續)한다. 이것은 민족지상주의가 아니라, 민족 생성의 정상적인 궤도다.

한편, 일국 내 사회적 분화현상으로서의 계급은 서로간의 갈등과 모순으로 인해 이른바 '계급투쟁'이 불가피하지만, 이러한 투쟁은 결코 민족을 배제하거나 약화시키는 것이 아니라 오히려 '민족수호'의 기치 아래 민족역량을 더 튼실하게 꾸려준다. 이것은 계급모순이나 투쟁도 민족적 이익에 부합되게 해결해야 한다는 명제를 일깨워주고 있다. 나라가 위기에 처했을 때, 민족모순이 계급모순에 우선한다는 것은 역사에 의해 명증된 통리(通理)다. 일국에서 새 사회를 지향하는 계급혁명이 일어났을 때, 민족주의자는 우군(友軍)으로, 때로는 주력군으로 그 혁명에 동참하게 된다. 이렇듯 민족과 계급은 상극관계가 아니라 밀접하게 상관되어 있는 변증법적 관계에 있다. 민족과 계급을 대치시키는 것이야말로 백해무익한 분열행위다.

어떤 이는 우리 한민족의 건국이념이자 정신적 뿌리인 '홍익인간'을 한 노동계급 정당이 '이용'하는 것에 대해 냉소를 보내고 있다. 원인은 '널리 이롭게 한다'라는 '홍익'이 '계급모순을 부정'하기 때문이라고 한다. 어설픈 '소아병'적 발상이다. 이것은 계급론이나 역사관에 대한 무지나 옹졸함의 극치로 밖에 달리 설명할 도리가 없다. 노동계급을 포함해 그 누구도 사회적 평등과 정의, 자유를 이루어 널리 만방을 이롭게 한다면 그 이상 더 바람직한 일이 또 이디에 있겠는가. 그는 또한 '단군 왕검이 고조선을 건국했다'는 단군신화를 국사 교과서에서 가르치고 있는 것을 심히 역겨워한다. 일말의 민족주의적 양식이라도 있다면 결코 이러한 유치한 발상을 토설하지는 않았을 것이다. 우리의 귀중한 문화유산인 단군신화는 우리 민족에게 오래전부터 공통된 '역사의 기억'으로 전승되어 온 민족구성의 한 주관적(정신적)

요소이다. 이러한 '역사의 기억'을 부정하면 민족은 오늘밖에 모르는, 역사적 전승이 없는 몽매한 기형아가 되고 말 것이다.

4) **반자유주의적 기능론** 민족주의는 태생적으로 개인의 자유나 인권을 침해하는 본능을 잠재하고 있다는 견해다. 그 근거는 민족주의는 통일성과 집단성, 그리고 억압을 강요하고, 자유주의는 개별성과 다양성, 그리고 자유를 추구함으로써 이 두 주의는 병존 불가할 수밖에 없다는 데 두고 있다. 앞에서 지적한 진보를 표방하고 있는 한 정당이 펴낸 같은 책에는 이러한 구절이 있다. 즉 "민족주의는 분명 20세기의 진보와 해방 프로젝트 중 하나였다. 수많은 피압박 민족들이 민족주의를 무기 삼아 제국주의에 맞서 싸웠고, 저마다 자신의 민족국가를 전리품으로 확보했다. 하지만 일단 승리한 민족주의, 즉 민족국가를 쟁취한 민족주의는 진보와 해방의 수단이 아니라 새로운 억압과 모순의 진원지가 된다"고 민족주의를 '악의 근원'으로 매도하고 있다. 어떤 근거에 의해, 그리고 민족주의에 무슨 한이 그렇게도 사무치게 맺혀있기에 이렇게 독단(獨斷)치고는 너무나 심한 독단을 함부로 내리는지 도시 이해할 수가 없다. 도대체 이 세상에 민족주의가 승리한 민족국가가 과연 몇이나 되는가? 하물며 이 땅이야. 그들은 민족주의를 '양날의 칼'을 품은 야누스의 얼굴로 증오하면서 험담을 내뱉는다. 그래서 그들은 지난 20세기는 '진보와 해방 프로젝트' 중 하나였던 보배로운 민족주의가 오늘은 갑자기 소름이 끼치는 흉물로 일변했다는 괴변을 마다하지 않는 것이다.

도대체 20세기에 비해 21세기가 '진보와 해방 프로젝트', '제국주의 존재', '민족주의 승리', '민족국가 쟁취' 등에서 어떠한 질적 도약이 생겼기에 민족주의가 하루아침에 '진보와 해방의 프로젝트'로부터 '새로운 억압과 모순의 진원지', '악의 축'으로 돌변하게 되었는지, 그래서 용도 폐기해야 하는지 도무지 납득이 안 간다. 억지논리라고밖에 달리 설명할 길이 없다. 민족은 개개인으로 구성됨으로 개인은 민족의 행동 주체다. 그렇다고 개인이 민족 위에 군림할 수는 없다. 민족 구성원으로서의 개인다움을 유지하고 민족 전체의 집단적 이익을 보장하기 위해서는 통일성과 집단성을 관철하지 않을 수 없다. 구성원 개개인의 자유와 권익은 이러한 통일성과 집단성의 범위 내에서 허용되고 실현되는 법이다. 그 이하도 그 이상도 아니다.

민족통일의 한 축인 북녘 동포들을 형제가 아닌 '친구'로 삼고, 대중이 '깊이 빠져있는' 민족주의를 '진보와 해방의 프로젝트'가 아닌 '새로운 억압과 모순의 진원지'로 배척하고 압살한다면, 그네들은 도대체 어디에다 발을 붙이고 어디에서 사회적 동력을 얻겠다는 건지 심히 우려되는 바다. 이 시대에 연대의식과 민족수호 및 발전지향성을 근본속성으로 하는 민족주의를 제쳐놓고 사회의 정의니, 부의 공정분배니, 녹색혁명이니, '친구통일'이니 하는 따위의 사회변혁을 과연 이루어낼 수 있겠는가.

이러한 역기능 주장과 더불어 여러 가지 현실적 이유를 들어 민족주의를 폐기해야 한다는 이른바 '민족주의폐기론'(일명 '해체론', '탈민족주의론')이 이 사회에 만연되다시피 하고 있다. 이러한 폐기론은 경계론과 맥을 같이 하고 있다. 경계론자들은 민족주의의 폐기나 이탈을 강변하면서도 담론 자체에 대한 경계나 불안을 고스란히 내비치고 있다. 대표적인 글 한 꼭지를 그대로 인용해 보자. "민족주의는 너무 뜨거운 담론이기에 대중들에게 설득력을 갖는다. 하지만 한발만 잘못 디뎌도 색깔이 다른 길로 떨어져버리는 위험한 줄타기이기도 하다. 그렇기 때문에 남북이 가장 뜨겁게 만나는 지점이 민족주의 담론일 수 있겠지만 가장 경계해야 할 것도 민족주의 담론이 아닐까."

필히 있어야 할 민족주의 담론에 대한 회의와 기우, 불안과 기피를 동시에 실토하고 있다. 그러다보니 남의 눈치에 밀려 민족주의에 노출되는 것을 꺼리는 것이 작금의 가냘픈 풍조다. 자신을 민족주의자라고 떳떳이 밝히는 사람이 과연 얼마나 될까. 어찌 보면 이것이야말로 한국 민족주의와 그 담론의 현주소가 아닌가 싶다. 그럼에도 불구하고 우리는 감히 그런 담론에 도전장을 내밀고 있다. 이제는 어차피 반민족주의, 탈민족주의와 시비를 가르는 맞장을 떠야 하기 때문이다.

민족주의 폐기론자들이 들고 나온 폐기 이유는 갖가지다. 우선은 진부하기 때문이라고 한다. '민족문학작가회의'는 근 1년 동안의 격론 끝에 20년간 써오던 이 명칭에서 '민족'이란 말을 쏙 빼고 대신 '한국'이란 말을 집어넣었다. 개명에는 다민족과 다문화라는 시대정신과 젊은 작가들을 포섭하기 위함이라는 변(辯)이 따랐다. 그날 한 시인은 현장에서 "문학은 포기해도 민족은 포기 못해!"라고 절규한다. 인터

넷 소통시대에 남과 말이 통해야 하기 때문에 민족주의와 결별해야 한다는 한 유명 작가의 말도 귀전에서 맴돈다. 20세기식 민족주의 역사학은 그 소임을 다했다는 한 역사학자의 고별선언도 귀에 거슬린다. 한 마디로, 이제 민족주의는 제 시대를 다 산 진부한 노페물이기 때문에 폐기처분해야 한다는 것이다.

'다민족'과 '다문화'는 각이한 민족들의 정체성이 존중될 때만이 비로소 시대정신이 될 수 있다. 젊은 작가들이 민족을 혐오한다면, 도대체 그들은 무엇을 가지고, 무엇에 의해 '작가다움'이 될 것인가. 작가든 학자든 자기 몸에 선천적으로 배어있는, 그래서 가장 잘 사고하고 표현할 수 있는 민족어로 글을 쓰고 학문을 하는 것이 우선시(優先視)되어야 하지 않겠는가, 또 그럴 수밖에 없지 않겠는가. 작가의 경우는 더더욱 그러하다. 문학이나 학문의 보편가치는 그 표현수단의 일치성이나 공유성에 있는 것이 아니라, 내재적 가치의 공통성에 있다. 한국에서의 노벨문학상은 인류의 보편적 정신가치가 관류된, 한글로 씌어진(물론 외국어로 역출된) 작품에 주어질 수밖에 없을 것이다.

다음으로 민족주의가 국제화에 역행한다는 것도 그 폐기 이유의 하나다. "한국인들은 이제 20세기의 민족주의 시대를 넘어 21세기 '국제협조-국제연대의 시대'로 나아갈 필요가 있다"고 주문하는 이가 있는가 하면, 남북한 통일문제를 민족주의로 접근하는 시대는 지나갔으며, 민족문제를 우리끼리가 아니라 국제적인 협조 아래 해결해야 한다고 역설하는 이도 있다. 대학의 국제화를 위해 '민족을 버리고 조국을 등져야 한다'고 민족대학을 표방해 온 한 대학 총장은 학생들에게 호소한다. 듣기만 해도 섬뜩하다.

　국제화시대는 민족문제 해결에 유리한 국면을 열어놓을 수 있지만, 그 역(逆)의 경우도 있을 수 있다. 어떤 경우를 막론하고 민족주의와 건전한 국제화는 모순관계에 있지 않다. 발전지향성을 속성으로 하고 있는 민족주의는 국제협조와 국제연대를 거역하는 것이 아니라 적극 환영하고 수용한다. 오늘의 국제화시대에 일국의 민족문제에는 국제성이 배제될 수 없지만, 해결의 주체는 어디까지나 당사자 자신들이다. 주체가 주체다워야 국제협조나 국제연대가 제대로 이루어지게 된다. 남북한 통일문제도 마찬가지다.

　국제화와 관련해 최근 일각에서 이른바 '캐치업론'(Cactch up)이란 조금은 생소한 논의가 일고 있다. 월래 '캐치업'이란 매스컴에서 쓰이는 말로서 읽어야 할 기사거리(뉴스)가 많을 때 미처 다 읽지 않고 새로운 기사만을 대충 추려서 읽는 것을 말한다. 이 말이 저개발국 경제발전론에 원용되어 나온 것이 '캐치업론'이다. 내용인즉, 저개발국 경제발전은 자생적 발전이 아니라, 선발국의 협력 속에 지도만 받으면 짧은 기간 내에 선발국이 도달한 수준에 도달할 수 있다는 것이다. 이것은 저개발국의 내재적 발전을 외면하는 형식논리다. 과연 캐치업론이 성공할지 아직은 확실한 선례가 없어 믿기 어렵다. 내실 없는 구조물은 사상누각(砂上樓閣)일 수밖에 없다는 것이 상규(常規)이기 때문이다.

'캐치업론'을 들고 나온 이들은 이런 논리와 함께 대안적 역사관으로 이른바 '자유주의문명사관'이란 것을 제시하고 있다. 그들은 역사단위를 민족 아닌 국가로 설정하면서 민족 대신 자유와 인권, 그리고 재산권의 보루이자 사회의 문명통합체라고 일컫는 '초민족적 국가'를 강조한다. 아직은 민족을 초월한 국가란 있어본 적이 없으며, 문명은 권력체인 국가가 아니라 생명체인 민족에 의해 생성되는 법이다. 국가는 기껏해야 문명의 조정역할이나 할 뿐, 결코 '사회의 문명통합체'는 될 수 없다. '초민족적 국가' 운운하면서 국가의 주역인 민족(혹은 민족의 집합체인 국민)을 부정하는 것은 일종의 탈민족주의 발상이다.

민족주의 폐기 이유로 그 밖의 각종 폐단이 심심찮게 거론되고 있다. 민족주의가 대내적으로는 전체주의와 파시즘을 낳고, 대외적으로는 배타주의와 침략주의를 결과하는 위험한 독을 품고 있다는 것이다. 또한 열린 민족주의건 닫힌 민족주의건 간에 모두 폐쇄적 민족절대주의를 바탕에 깔고 있기 때문에 탈민족주의(포스트 민족주의)가 불가피하다고도 한다. 그밖에 민족주의는 대한민국 선진화를 가로막는 5대 사상의 하나이며, 한국 사회에서 체제이데올로기를 키워내는 온상이므로 해체되어야 한다는 강변도 있다. 논자들은 이 위험천만한 '독물'을 하루빨리 제거해야 한다는데 입을 모으고 있다.

그러면 어떻게 제거할 것인가. 방법은 '민족주의 장례'를 치르는 것이다. 그런데 그 지지자들이 지닌 진정성만은 존중되어야 하므로 겸손한 마음으로 장례식을 치려야 한다고 한 철학자는 민족주의 전문

연구서에서 이율배반적인 주문을 하고 있다. 그러나 그도 뒤에 가서 민족주의 '독소'를 언급할 때는 태도가 무시무시한 강경으로 돌변한다. 같은 책에서 대담자로 나선 한 '사학자'는 한 술 더 떠서 이렇게 독설한다. 즉 "민족주의가 독이 있지만 독을 잘 다스리거나 주의하면 된다는 식으로는 안 된다고 생각합니다. 왜냐하면 망치처럼 단순한 도구가 아니라 열정과 맹목적 충성을 불러일으킬 수 있는 원초적 힘이 있기 때문입니다. 특히 한국의 민족주의는 같은 핏줄에 의거하고 있으므로 적당히 제어할 수 있는 대상이 아닙니다."

보다시피, 이들은 민족주의를 물러나게 하기 위한 '겸손한 마음의 장례식'과는 사뭇 다르게 민족주의를 살벌한 타도의 대상으로 점지하고 있다. 민족주의를 '맹목적 충성을 불러일으키는' 충동질이나 유혹쯤으로 보는 것은 숭고한 민족주의에 대한 무지의 소산일 뿐만 아니라, 가소로운 모독이다. 아무리 비위에 맞지 않는다고 해도 학문에서 독기를 발산하는 것은 저급하고 유치한 대응이다.

민족주의 폐기론이 내세우고 있는 이상의 여러 이유에 대해 정확히 분석 판단하고, 그에 대한 적절한 대응논리를 개발하는 것이 절실하다. 이것은 비단 한국사회에서 '최강의 이데올로기'로 '지존의 위치'를 지키고 있는 민족주의문제를 해결하는 데서 뿐만 아니라, 민족론 일반의 학문적 연구에도 유의미한 기여가 될 것이다.

4. 민족주의 개념

지금까지 민족주의 시원이나 전개과정, 유형이나 기능에 관해서는 왈가왈부 논급이 많았지만, 도대체 민족주의란 무엇인가에 관한 정의나 규범 같은 것은 별로 눈에 띄지 않는다. 그것은 한마디로, 민족주의란 개념 정립이 불가능하다는 이유에서이다. 더러는 그 개념에 관해 몇 마디씩 언급하고는 있지만, 너무나 소략하고 내용 전개도 없어 통 갈피를 잡을 수가 없다. 뿐만 아니라, 민족주의를 권력지향적 기능에 맞춰 정의하는 데서 보다시피 편파적으로 개념 정립을 시도하는 경우도 있다.

그렇다면 민족주의 개념 정립이 불가능하다고 하는 근거는 도대체 무엇인가? 그 이유를 정리하면 다음과 같다.

1) 이데올로기로서의 민족주의는 다른 사회 이데올로기와 결합해야만 나타나는 '2차 이데올로기' 때문에 스스로 완결된 논리구조를 갖출 수 없으며 늘 가변적이다.

2) 여러 민족들이 겪는 경험이 다양함으로 보편적 이론합의가 불가능하다. '천의 얼굴'을 가진 민족주의는 누구에 의해 어떤 사회환경 속에서 만들어지는가에 따라 매우 상이한 성격을 지닌다.

3) '운동의 방향에 따라 조작되기가 쉽고' 다분히 감성적 산물이다.

이렇게 개념조차 정립이 불가능할 뿐만 아니라, 진부하고 폐단도 만만찮은 민족주의를 굳이 정의하거나 연구할 필요가 없다는 주장도

가끔 나온다. 그들은 한국사회의 당면과제는 "민족주의 개념 정의나 이론이 아니라 … 민족분단, 민중 차별과 갈수록 열악해지는 생존 조건, 신자유주의의 초국적 자본의 야만적 공세에 대응하기 위해 지혜를 모으는 일이다"라고 잘라 말한다. 마치 그들이 주장하는 당면과제와 한국의 민족주의는 무관한 것으로 비쳐지는데, 사실은 무관한 것이 아니라, 깊은 연관이 있다. 왜냐하면 민족주의는 분단 극복을 비롯한 여느 사회적 의제를 푸는 데서 동력으로 기능할 수 있기 때문이다.

서구의 민족론 연구자들은 민족론, 특히 민족주의론 분야에서는 대사상가를 배출할 수 없다고 자탄(自歎)한다. 철학적으로 내용이 빈약하고 일관성이 결여되어 개념조차 제대로 정립할 수 없는 터라서 다른 주의들과는 달리 민족주의에서만은 대사상가나 대이론가가 나올 수 없다고 단언한다. 그러나 따지고 보면 내용이 빈약하거나 일관성이 결여되어서가 아니라, 정확하고 적중한 문제의식에서 출발한 심층적 연구가 미흡하기 때문이라고 솔직히 인지해야 할 것이다. 민족주의 경험의 일천하고 당초부터 이데올로기화, 정치화한 서구에서 논리적 개념 정립이나 대사상가의 배출이 불가능한 것은 당연지사(當然之事)다. 그렇다면 오랜 역사 속에서 민족주의 실천경험이 풍부하고 바탕이 두툼한 우리 동양, 우리 한국에서 그런 대사상가, 대이론가가 나와야 하지 않겠는가. 맹목적인 추미주의(追尾主義)에서 벗어나 제 머리로 사고하기만 하면 충분히 가능한 일이다.

이상에서 민족주의를 근대의 산물로 간주하면서 근대의 종말과 더불어 사라져야 할 진부한 이데올로기로서, 국제화에 역행하고 숱한 폐단을 양산하는 폐물이며 다른 이데올로기에 부수되는 '2차 이데올로기'이기 때문에 개념조차 정립할 수 없다는 탈민족주의, 반민족주의가 유포시킨 여러 가지 오해와 편단들을 살펴보았다. 이러한 오해와 편단 속에서는 도시 민족주의에 대한 정학한 이해를 도모할 수 없고, 그 위상을 제대로 세울 수 없으며, 나아가 우리의 현실에 적용할 수 없다는 것은 너무나 자명한 사실이다.

이에 반해 필자는 민족주의야말로 역사의 보편가치로서, 보편적 진보주의로서 정연한 논리적 체계와 내재적 구조를 갖춘 이념이고 의식구조이며 생활모습이라고 확신한다. 내재적 속성으로 인해 역사성과 보편성, 역동성을 함께 지니고 있는 민족주의는 다른 주의들과는 달리 어떠한 한시적(限時的)인 시류나 흥행물이 아니라, 통시적(通時的)인 역사과정에서 형성 축적된 역사와 생존의 보편가치다. 또한 민족주의는 '2차 이데올로기'가 아니라 인류의 모든 진보사상과 이념에 편재(遍在)하고 있으며 그것들을 아우르는 보편적 진보주의다. 그리하여 지구화 속에서도 민족주의는 여전히 사회적 원동력으로 기능하고 있다. 좌파를 국제주의자로, 우파를 민족주의자로 보는 것은 서구식 개념이다. 동서에서 공히 보수라고 지탄 받는 부르주아 민족주의나, 민족주의를 부정으로 몰아가는 이른바 '배타적'이거나 '폐쇄적'인 민족주의는 본질상 민족주의와는 무관한 다른 주의다.

그런데 한국에서의 민족주의와 진보주의 관계 개념에서 시비를 가리지 못하고 혼동하는 현상이 나타나고 있다. 어떤 이는 민족주의와 진보세력은 '짝일 뿐'이라고 그 관계를 동반자 관계쯤으로 설파하면서 '민족주의의 부정적 면'을 제거하는 이른바 '민족주의 환골탈퇴'를 주장할 뿐만 아니라, 민족주의를 넘어선 사람(진보주의자)과 넘어서지 못한 사람(민족주의자)으로 편을 가르고 있다. 이것은 민족주의 보편가치에 대한 몰이해에서 비롯된 일종의 편견이다. '민족주의의 부정적 면'이란 표현은 적절치 않다. 왜냐하면 역사적 보편가치로서의 민족주의 자체는 부정적 면이 있을 수 없기 때문이다. 있다면 미숙한 민족주의자가 민족주의를 실천하는 과정에서 노정시킨 '부정적 면'일 것이다. 본연(本然)과 본연에 대한 일탈(逸脫)은 천양지판(天壤之判)이다. 그러한 일탈적인 부정적 면을 '환골탈퇴'하는 데는 이의가 따로 있을 수 없다.

역사에서 민족주의가 보편적 진보주의라고 하는 것은 어떠한 역사적 시대를 막론하고 민족주의는 진보주의의 토양이며 진보주의는 결코 민족주의와 양립할 수 없다는 뜻이다. 그렇다고 '일체(一體)'는 아니다. 왜냐하면, 진보주의는 보수주의와 함께 시류영합적인 산물이기 때문이다. 역사의 보편가치로서의 민족주의와는 달리 진보주의는 시대에 따라 그 내용과 전개양상이 상대적으로 다를 수밖에 없다.

그리고 흔히들 서구적 개념을 좇아 민족주의와 국제주의를 대치시키면서 민족주의는 '보수'로, 국제주의는 '진보'로 흑백논리화 하고 있는데, 이 역시 시정해야 할 착각이다. 필자의 체험으로서도 단언할 수 있는 것은 민족주의와 국제주의는 결코 서로 어긋나지 않고 조화를 이룸으로써 진정한 민족주의자는 진정한 국제주의자이고, 참된 국제주의자는 참된 민족주의자라는 사실이다. '가장 민족적인 것이 가장 국제적이라는 것'은 역사적 경험이 응축된 동서고금의 대명제다.

여기에 이런 교훈적인 일화가 있다. 베트남의 국부 호치민이 냉전시대 어느 날 스탈린을 만난 일이 있다. 석상에서 스탈린은 작심한 듯 문뜩 그에게 "당신은 민족주의자로 남고 싶소, 국제주의자로 남고 싶소"라고 캐묻는다. 호치민은 "민족주의자와 국제주의자로 함께 남고 싶소"라고 주저 없이 확답한다. 아마 뜻밖의 대답에 스탈린은 계면쩍었을 것이다. 우리가 안중근 의사를 '국제주의자'라고 높이 평가하는 것은 그가 동양평화론을 제창했기 때문이다. 그에게 나라 사랑의 민족주의와 동양평화 사랑의 국제주의는 일체화된 이념이었다. 어떤 경우든 민족주의와 국제주의는 대치관계가 아니다.

이상에서 민족주의의 시원과 전개, 유형과 기능 등 여러 가지 기본 문제들에서 일고 있는 논쟁거리들을 두루 살펴봤다. 대부분 시각이 탈민족주의에 초점이 맞춰지고 있기 때문에 그 분석과 비판에 여러 지면을 할애했다. 이제 그 논의를 한데 모아 민족주의 개념에 대한 필자 나름의 단안을 다음과 같이 내려 보고자 한다. 즉 민족주의는 민족 구성원 간의 연대의식과 민족수호 의지 및 발전지향성을 추구하는 민족의 이념적 표상으로서 민족 구성원 개개인의 삶에 체화(體化)된 의식구조이며 구체적 생활모습이다.

이 민족주의 개념 정의에서 중요한 것은 연대의식과 민족수호 의지 및 발전지향성을 민족주의의 3대 속성으로 규정하면서, 민족주의는 관념적 이념(사상, 이데올로기, 주의)일 뿐만 아니라, 자체의 정연한 내재적 논리구조와 규범을 갖추고 있는 의식구조이며, 추상이 아닌 일상의 생활(집단생활과 개인생활)과 활동에서 드러나는 구체적인 모습과 태도라는 점이다. 대체로 민족주의라고 하면 거대이념으로서 고고한 상위(上位)개념으로만 알고 있는데 사실은 그렇지 않다. 민족주의가 '포괄적인 정치명분이나 이념'으로 쓰일 때는 그 좌표가 상위개념일 수 있지만, 작위적이 아니라 일상적인 감정이나 행동, 구체적인 생활모습에서 자연발생적으로 나타날 때는 평범한 하위개념에 속한다고 말할 수 있을 것이다.

　우리들의 일상에서 일어나는 일들에 대해 정치원리나 경제논리, 철학해석이 제대로 된, 납득할 만한 해답을 주지 못하는 경우가 왕왕 있다. 일례로, 4년마다 주기적으로 일고 있는 이른바 '월드컵 응원열기' 문제다. 세계 방방곡곡에서 너나없이 자국의 월드컵 승리를 가위 '폭발적 광란'이라 할 정도로 열렬히 응원하고 있는 이 현상을 우리는 어떻게 설명해야 할 것인가? 우리의 경우, 더 '광란적'이라는 것이 세계의 정평이다. '붉은 악마'의 물결은 서울 거리만이 아니라, 저 멀리 뉴욕과 파리, 런던과 마드리드 거리에서 오매불망 조국의 강성을 기원하는 우리의 동포들에 의해 거세게 일렁이고 있다. 왜 그럴까. 다들 그 해답에 부심하고는 있지만, 오리무중인 성싶다.

우리 민족 고유의 '한풀이'라느니, '국가주의' 표출이라느니, 하는 등 해답이 구구하다. 그러나 설득력이 별로 없어 보인다. 세상에는 우리 민족보다 한이 더 많이 맺힌 민족이 수두룩하며, 우리 민족은 그 누구보다도 노래와 춤으로 한을 풀 줄 아는 낙천적인 민족이다. 구태여 월드컵을 기다렸다가 맺힌 한을 일시에 풀 필요가 없다. 그리고 국가권력의 강요나 동원이 아닌 자발에 의한 대중의 거리응원이나 함성은 결코 국가주의의 산물일 수가 없다. 여기서 애국애족과 국가주의를 혼동해서는 안 된다. 대중이 국가권력의 강요가 아니라 자발적으로 동원하는 원인은 다른 잠재의식 속에 있는데, 그것이 바로 발전지향성을 한 속성으로 하는 민족주의 의식이다. 이러한 민족주의 의식은 항시 사람들의 심연 속에 애족의 암장(岩漿, 마그마)으로 온축되고 관류되어 오다가 때를 만나면 마치도 쌓였던 한을 푸듯 자연분출하는 것이다.

발전지향성이란 말 그대로 남보다 진보를, 남과 겨루기에서의 승리를 염원하고 촉구하는 이념이자 감정인 것이다. 민족주의가 일찌감치 사라졌다고 하는 유럽에서의 운동 '응원광기'도 이것 말고는 달리 설명할 수가 없을 것이다. 이것은 발전을 지향하는 선의의 경쟁이지 결코 배타는 아니다.

각설(却說)하고, 이제 민족주의 3대 속성을 우리의 현실, 우리의 역사 속에서 하나씩 살펴보기로 하자. 이것은 민족론에 관한 한 특수성과 더불어 보편성을 탐구하려는 작업이기도 하다. 첫째는 구성원 간의 연대의식이다. 흔히들 생각하는 것처럼 민족주의는 집단주의나 국가주의를 통한 강요나 개인의 자유와 권리에 대한 억압이 아니라, 구성원 간의 자율적 연대에 바탕한 상부상조의 미덕이다. 원래 연대의식은 민족 구성의 주관적 요소인 민족의식의 발현으로서 어느 민족에게 있어서나 그 형성과 존속에서 필수불가결한 요소이며 가치관이다. 이것이 결여될 때, 민족의식이란 주관적 구성요소가 마비됨은 물론, 혈연, 언어, 경제, 문화, 지역, 역사 등 객관적 요소들의 공유마저도 불가능하게 됨으로써 궁극적으로는 민족의 쇠망을 초래하게 된다.

우리 민족은 그 형성으로부터 오늘에 이르는 발전의 전 과정에서 이러한 민족적 연대의식의 수범을 보여 왔으며, 그것이 우리 민족과 민족주의 성장의 핵심적 동력과 자양분이 되었던 것이다. 널리 인간을 이롭게 한다는 '홍익인간'의 개국이념은 공생공영과 상부상조의 공동체정신을 전제로 한 것이다. 한민족의 공동체적 생활규범을 처음으로 제정한 고조선시대의 8조법금(八條法禁)은 인간공동체로서의 사회가 갖춰야 할 공공질서와 화목을 유지하려는 일종의 규범이다. 부여시대에 추수를 마치고 마을사람들이 모여 춤추고 노래하는 영고(迎鼓, 맞이굿)라는 제천의식(祭天儀式)도 부족공동체 구성원 상호 간의 유대를 강화하기 위한 일종의 연례행사다. 여기서도 우리 민족 형성의 씨앗이 부족공동체 시대에 이미 뿌려지기 시작했음을 알 수 있다. 일찍부터 항간에 있어 왔던 복덕방이나 향약, 품앗이는 모두가 상호협력과 합심을 유발하는 공동체적 연대의식에서 연유된 것이다.

이러한 공동체적 연대의식은 농경문화의 발달과 더불어 혈연이나 지역 중심의 유대감으로 구체화되면서 명분과 논리를 갖춘 각종 집단의식으로 발전 승화되었다. 그 대표적인 것이 나라에 대한 충(忠)과 가정에 대한 효(孝)다. 우리 민족 고유의 충효사상은 흔히 이야기하는 것처럼 유교에 의해 발생한 것이 아니라, 이미 우리 민족의 형성과정에서 연대의식과 수호의지라는 고유가치관으로 나타나 일찍부터 윤리도덕적 규범으로 자리매김 되어 갔던 것이다. 다만 유교에 의해 보완되었을 뿐이다. 이 시대에 '충효'라고 하면 흔히 고루한 윤리도덕관으로 낯살을 찌푸리는데, 일단 충효가 우리 민족사에 남긴 긍정적인 기여를 인지하게 될 때면 으레 낯살을 펴고 수긍하게 될 것이다.

고유가치관으로서의 민족 연대의식은 원래 씨족이나 부족을 단위로 하여 서로 협력하고 의존하지 않으면 유지 불가능한 농경사회의 필연적 산물이다. 그러나 그것이 필수불가결의 의식이나 가치관으로 정착 된 후에는 개인주의 지향의식에서는 도저히 기대할 수 없는 당위성과 흡입력으로 민족 구성원에게 공동운명체 의식을 심어줌으로써 우리 민족의 부흥에 적극적인 기여를 하였다. 혈연이나 지역 위주의 폐쇄성이나 배타성을 파생했다는 부정적 측면도 없지는 않지만, 긍정적 측면은 이러한 부정적인 측면을 상쇄(相殺)하고도 남음이 있다. 특히 국난에 임해서는 이러한 한계성을 과감하게 초월해 국가 수호, 민족 수호의 튼튼한 공동체연대와 폭넓은 대동단결로 이어졌다.

민족주의의 둘째 속성은 민족수호 의지다. 민족수호 의지는 우선

외침으로부터 민족의 독립과 자존을 지켜내는 데서 나타나고 있다. 이 민족수호 의지는 우리 민족사에서 뚜렷한 민족주의의 한 속성으로, 그리고 귀중한 고유 가치로 시종 작동해 왔다. 민족수호 의지에 불타는 우리 민족은 역사상 1천 1백여 차례의 크고 작은 외침과 간섭을 물리치고 민족의 독립과 자존을 지켜냈다. 고구려인들이 100만 수나라 침략군을 패퇴시키고, 고려는 전민이 항몽전선에 거족적으로 총력 궐기해 몽골의 125년에 걸친 끈질긴 간섭을 끝내 막아냈다.

흔히 조선조는 유교사상으로 인해 무(武)가 홀시되어 문약(文弱)에 빠진 문치주의시대로서 민족수호에 무력했던 것으로 알고 있다. 그러나 외침을 막고 나라를 지키는 데는 문무가 따로 없었고 잊혀져가던 상무(尙武)정신이 회생함으로써 민족수호 의지는 사라진 것이 아니라 면면이 맥을 잇고 있음을 만천하게 과시하였다. 조선인들의 굴함 없는 투쟁에 의해 중세와 같은 격동하는 시대적 배경 속에서도 단일민족 왕조를 518년이란 긴 세월 동안 지켜낼 수가 있었다. 세계의 중·근세사를 통틀어 봐도 500년 단일왕조를 유지한 민족은 그리 흔치 않다. 이것은 우리 민족의 굳건한 민족수호 의지를 보여준 하나의 증좌다.

민족수호 의지와 관련해 한 가지 특기할 사항은 모든 외래사상도 일단 한국에 들어오면 한민족의 굳건한 민족수호 의지에 감응되어 호국애족의 사상으로 변모한다는 사실이다. '세속오계(世俗五戒)'를 설파한 신라의 원광법사(圓光法師)는 5계 중에서 어찌 보면 파계(破

戒)라고 할 수 있는 '임전무퇴(臨戰無退)'와 '살생유택(殺生有擇)' 같은 계율을 내세우면서 한민족의 굳은 수호의지와 호국애족이 모든 것에 우선함을 보여주었다. 몽골침략군의 사령관 살례탑(撒禮塔)을 활로 사살한 불승 김윤후(金允侯)의 호국기백도 같은 맥락에서 이해해야 할 것이다.

조선시대 유생문반(儒生文班)들이 의병의 80% 이상을 차지했다는 사실은 문치나 성리(性理)에 안주하던 조선시대 유생들도 민족 수난 앞에서는 주저 없이 총대를 잡고 분전했음을 입증한다. 불과 100년밖에 안 되는 한국 기독교 역사이지만 3·1독립선언서에 서명한 33명(모두 신앙인) 중 절반이 기독교인이며, 50여명의 목사가 항일성전에 목숨을 바쳤다는 것은 기독교인들 역시 민족수호 의지의 숭고한 가치관에 훈육된 신앙인이었음을 말해준다. 오늘을 살고 있는 우리의 종교인들이 깊이 되새겨야 할 역사의 귀중한 교훈이다.

민족수호 의지는 외침으로부터의 민족 독립 수호의지에서만 아니라, 민족의 통일과 단합 및 동질성을 수호하는 의지에서도 나타난다. 세계사가 보여주듯이, 어떠한 민족국가든지 형성된 다음에는 민족 구성원들의 통일과 단합 여하에 따라 그 존망이 결정된다. 국가의 건재는 민족 생존의 징표이며, 그 보전(保全)은 오로지 민족의 통일과 단합에 의해서만이 가능하다. 한민족사에서 민족통일국가는 신라에 의해 탄생되고 고려에 의해 완성되었다.

민족통일국가는 건설도 어렵지만 수호와 유지가 더 간고하다는 것을 우리의 민족국가 건설사가 증언하고 있다. 문제는 수호의지다. 의지만 있으면 어떠한 환경 속에서도 예지를 발동해 분열을 막고 통일을 이루어낼 수가 있는 것이다. 우리 민족이 처한 현실을 놓고 볼 때, 이것은 더 없이 중요하고도 절박한 교훈이다. 그리고 이것이야말로 민족과 민족주의를 저만치 밀어내는 사람들더러 한번 반추해 보라고 권고하고 싶은 대목이기도 하다.

숱한 전례 가운데서 한 가지만을 들어보자. 고려에 의한 민족통일국가의 완성과정에서 발휘한 왕건의 민족화해정신과 통일의 예지는 민족수호 의지의 한 전형으로 우리 민족사에 길이 남아 있다. 신라 말 위정자들의 내홍과 지방 호족세력들의 등장으로 인해 통일신라는 궁예(弓裔)의 후고구려와 견훤(甄萱)의 후백제, 그리고 본조(本朝)인 신라의 3국으로 분열된다. 첫 통일국가인 신라가 조각난 후 후삼국의 난립시대가 도래한 셈이다. 민족의 분열을 막고 통일국가 재건의 사명을 자각한 왕건은 궁예의 후계자로 고려왕에 추대(918)된다.

그는 내우외환에 시달리고 있는 신라의 마지막 왕 경순왕(敬順王)으로 하여금 자진해 신라의 천년 사직(社稷)을 고려에 맡기도록 유도(935)하고, 그를 전왕(前王)으로 예우함으로써 신라와 고려의 화합을 이룬다. 이어 왕건은 아들 신검(神劒)에게 축출된 10년 연상의 견훤을 상부(尙父)로 예우하면서 맞아들인다. 그리고는 그의 청을 받아들여 함께 고려군을 친솔하고 후백제군을 추적하던 끝에 황산(黃山)에서 신검의 항복(936)을 받아내고 마침내 재통일의 위업을 완성한다.

이와 같이 왕건의 민족 재통일의지와 화해정신, 그리고 출중한 지략에 의해 잠시나마 나타났던 분열의 위기는 수습되고 고려에 의한 민족통일국가의 완성은 비로소 가능했던 것이다. 공자는 '고제왕이지내자(告諸往而知來者)'(어디로 가려는 것을 알고 싶거든 어디서 왔는지를 되돌아볼 지어다)라 했으니, 역사는 내일을 비추는 거울이다.

민족통일과 단합을 이루어내는 데서 중요한 문제의 하나는 민족구성의 객관적 요소들인 언어, 문화, 역사, 경제, 지역 등의 동질성을 확보하는 것이다. 자타가 인정하다시피, 우리 민족은 적어도 불초(不肖)한 후손들이 살고 있는 오늘 말고는 튼실한 공통적 구성요소들에 의해 수천 년 동안 공동운명체로서 함께 오순도순 살아 왔다. 이러한 우리 민족의 동질성과 공유성은 세계의 어느 민족에게서도 유례를 찾아보기 힘든 특유의 현상이다. 이것은 우리 민족의 통일과 단합의 상징이며 무궁비상의 밑천인 것이다.

민족수호 의지는 세계 속에서 자신의 위상을 당당하게 자리매김하려는 의지에서도 표현된다. 세계 속에서의 위상은 민족의 자존이나 역할과 직결되는 문제다. 지난 시기 세계 속의 한민족 위상과 관련해 적지 않은 호도가 있어 왔다. 세계를 등지고 사는 은둔국(隱遁國)으로, '제 것'과 '몸체'가 없는 아류(亞流)의 주변국으로 비하되어 왔다. 이것은 무지에서 오는 남들의 사안(斜眼)이기도 하거니와, 우리 속의 자학적(自虐的) 역사관이기도 하다. 원래 풍토학적으로 보면 3면이 바다인 반도인은 활달한 진취성을 천부적으로 체질화하고 있어 은둔이나 보수, 폐쇄와는 거리가 먼 사람들이다. 이러한 천부적 기질에다가 슬기로운 지혜화 남다른 근면성과 낙천성을 겸비하고 있는 우리 민족은 찬란한 문명 창출과 대외활동으로 세계 속에서의 자신의 좌표를 똑바로 인지하고 인류역사의 발전에 나름대로 기여해 왔다. 그리하여 일찍부터 세계에 알려져 왔으며 선망의 대상이 되기도 하였다.

이와 같이 우리 민족은 역사의 고비마다 만난을 무릅쓰고 외세의 침탈과 간섭으로부터 나라의 독립을 수호하고 민족의 통일과 국토의 보전을 위해 지혜롭게 처신하면서 국제사회의 당당한 일원으로 응분의 역할을 수행해 왔다.

민족주의의 세 번째 속성은 민족발전지향성이다. 상술한 연대의식이나 수호의지는 민족론에서 자주 거론되는 사항이라서 민족주의를 조금이라도 제대로 이해하는 사람들에게는 별로 낯선 개념이 아닐 것이며, 동시에 그것을 민족주의 고유속성으로 규정해도 크게 의문시하지 않을 것이다. 그러나 비교적 낯선 개념인 '발전지향성'을 민족주의의 속성에 넣는데 대해서는 의심을 넘어 의아하기까지 할 수도 있을 것이다. 물론, 탈민족주의나 반민족주의에 집착하는 사람들에게는 '마이동풍(馬耳東風)'에 불과한 푸념쯤으로나 비쳐질 것이다. 그럼에도 불구하고 필자가 '발전지향성'을 민족주의의 중요한 속성의 하나로 정립을 시도하는 것은 그 자체가 원래 민족주의가 내재하고 있는 원초적 속성의 하나라는 이유 말고도, 진보 보수를 가리지 않고 민족주의를 '폐쇄'니 '배타'니 하고 몰아붙이는 현실에서 그 오해나 편단에

교정을 가하기 위한 절박성 때문이기도 하다.

어떤 이는 "민족주의는 역사적 상황이나 추진세력에 따라 형태나 기능이 달라질 뿐만 아니라, 이 낱말을 사용하는 사람에 따라서도 그 의미와 내용이 달라진다"고 전제하면서, 민족주의를 개념화하는 데서 제기되는 어려움 몇 가지를 지적한다. 그러고 나서 "그렇다면 민족주의 중에서는 어떤 공통된 부문이 있을까? 그것은 바로 동질감을 바탕으로 하는 발전의지의 표출이라는 점이다"라고 자문자답한다. '발전의지의 표출'이 민족주의의 한 '공통된 부문'이라고 인식한 것은 탁견으로 십분 정확하다. 그러나 그는 그 '발전의지'(발전지향성)가 바로 민족주의의 한 속성이라는 점은 간과한다.

진정한 민족주의는 민족의 발전을 지향해 민족이나 민족국가의 경계에 빗장을 잠그는 것이 아니라, 타자와의 공생공영을 추구하며 폐쇄와 배타가 아닌 개방과 수용을 추구한다. 이것은 우리의 민족사에서 여실히 입증되고 있다. 삼국시대에 공인(公認)으로 들어온 불교는 고려시대의 전성기를 거치면서 한민족문화의 주요한 한 갈래를 이룬다. 한국인들은 불교를 하나의 이상종교로 받아들인 후 국리민복(國利民福)을 도모하는 종교로 변모시키는 슬기와 창의성을 발휘하였다. 그리하여 불교는 단순히 열반세계를 인식하는 내세관 추구에 머물지 않고, 고려 태조의 훈요십조(訓要十條)에 있는 바와 같이 불력으로 국가의 대업을 이루는 호국불교로 기능화 하였다. 유교의 경우도 고려말엽부터 하나의 통치이념으로 받아들여졌으나, 조선조에 오면 우주와 인간의 질서나 근본을 이기론(理氣論)을 통해 하나의 통일적 원리로 파악하는 성리학이란 새로운 교학으로 발전하였다.

조선은 비록 이러저러한 주·객관적 요인 때문에 근대화의 문턱에서 일시 주저앉고 말았지만, 근대화를 지향(발전지향성)하는 노력과 시도는 이웃인 중국이나 일본에 결코 뒤지지 않았을 뿐만 아니라, 남다른 창의적 수용태도를 보였다. 그것은 서구의 근대화한 문명인 서학(西學)을 받아들이는 데서 여실히 나타나고 있다. 조선은 서학 수용에서 '동도서기(東道西器)', 즉 우리의 전통적인 제도와 사상은 지키면서 서구의 근대적 과학기술을 받아들인다는 태도를 취하였다. 급기야 중국이나 일본과는 달리 타율이 아닌 자율에 의해 신중한 연구와 논쟁을 거쳐 받아들일 것은 받아들이고 거부할 것은 거부하였다. 다산(茶山)은 나라를 부강하게 하고 백성을 유족하게 만드는 이용후생(利用厚生)을 위해 서학에서 실용적인 기예인 과학기술을 적극 받아들였다. 그래서 수원성 축조공사 때는 거중기(擧重機)를 발명해 돈 4만 냥을 절약하였다. 세상에서 서양종교가 타율이 아닌 자율에 의해 수용된 나라는 조선뿐이라는 사실은 조선인들의 뛰어난 문명수용성과 자정능력을 말해준다.

발군의 재량을 발휘해 세계적 초창(初創)을 비롯한 우수한 문물을 창조하는 것도 발전지향성의 중요한 한 징표다. 그렇게 쇄국이라고 지탄을 받아온 조선시대에도 괄목할만한 문물이 적잖게 창조되었다. 농학자들은 촌로들의 의견을 수렴해 한국의 풍토에 알맞은 농학서 『농사직설(農事直說)』을 간행하고, 이탈리아의 카스델리보다 2백 년이나 앞서 세계 최초로 측우기를 발명하였으며, 김석문(金錫文)은 저서 『역학도해(易學圖解)』에서 동양 최초로 지구회전설을 정립하였다. 그리고 문맹을 퇴치하기 위해 한글을 창제하고 중국과 아랍의 역법을 수용해 새로운 역법 『칠정산 내·외편(七政算 內·外篇)』을 만든 것은 나라를 개화시키기 위한 세종의 굳은 발전지향성 의지를 반영한 것이다.

자고로 일국의 대외교역은 발전지향성에서 비롯된 개방성과 수용성의 가시적인 구현인 것이다. 일찍이 신라인들은 이웃은 물론, 멀리 서역으로부터도 보석, 모직물, 향료, 유리 등 문물과 누금(鏤金), 감옥(嵌玉) 같은 공예기법을 받아들여 자신의 문화를 살찌웠으며, 비단, 검, 범포(帆布), 담비가죽 등 물품을 멀리 아랍까지 수출하였을 뿐만 아니라, 서역이나 중국의 물품을 일본에 재수출하는 중계무역의 지혜까지 발휘했다. 몇 년 전 일본의 한 유명한 미술사학자는 30여년의 연구 끝에 『로마문화의 왕국 신라』라는 역작을 펴냈다. 그는 동아시아에서는 유례를 찾아볼 수 없을 정도로 그 옛날 저 멀리 지중해의 로마문화가 신라에 넓고 깊이 스며들었음을 근거로 '신라는 로마문화의 왕국'이라는 실로 놀라운 주장을 내놓았다. 저자는 그만큼 신라인들의 개방성과 수용성에 의해 대표되는 발전지향성에 놀라움과 부러움을 금치 못하고 있다.

이러한 민족주의 속성은 민족 구성의 주·객관적 요소에 의한 필연적인 귀결로서 민족이 존재하는 한 민족주의는 연속적으로 존속하고, 그 속성에서 발원되는 기능은 끊임없이 지속된다. 그래서 민족주의는 '도구적'이거나 '임시적'인 현상이 아니라, 극히 자연스럽고 정상적으로 항시 작동하는 일종의 사회현상이다.

이상에서 민족주의 속성을 설명하면서 우리 역사 속의 묻혀있는 관련현상들을 여러 모로 되짚어봤다. 그것은 특수사로서의 우리 민족사의 전개과정에서 나타난 민족주의 속성을 구체적으로 밝혀냄으로써 그것을 거울로 삼아 민족주의 일반에 과한 학문적 정립에 천착하려는 시도에서이다.

닫는글

담론의 지형적 변화 탓인지 이 땅에서 유독 민족론에 한해서만은 보수와 진보가 따로 없는 성싶다. 공히 민족과 민족주의를 폐기해야 할 '퇴물'로 몰아붙이고 있으니 말이다. 왜 그럴까? 그것은 민족과 민족주의 본연에 대한 무지와 오해, 남용과 악용에 진배가 없기 때문이라고 사료된다. 그럼에도 불구하고 일부 '폐기론'자들마저도 인정하다시피, 민족과 민족주의주가 아직까지는 여전히 간과할 수 없는 사회적 기제로 기능하며, 그러한 기능은 앞으로도 지속될 것일진대, 이 '퇴물'과 생물(生物)의 상극관계를 어떻게 극복할 것인가 하는 것이 난제일 수밖에 없다. 이 난제 앞에서 지금은 일시 '퇴물론'(폐기론)이 발호(跋扈)하지만, 필자의 눈에는 허장성세로 밖에 비쳐지지 않는다. 궁극에는 합리성과 역사성이 입증된 '생물론'(존속론)에 의해 극복되고야 말 것이다.

우리의 현실은 이러한 난제를 고스란히 반영하고 있다. 그러면서 '폐기론'에 숱한 의문을 던지고 있다. 대통령의 국정연설부터 초등학교 교과서에 이르기까지 '민족사'니, '민족정기'니, '민족의 앞길'이니…, 하는 등 탈민족주의자나 폐기론자들이 그렇게도 저주하고 허무맹랑하다고 보는 '민족'이란 말이 빠지지 않고 거듭 등장하는 현실은 과연 어떻게 설명할 것인가? 그저 허사(虛辭)나 허언(虛言)쯤으로 방관시만 할 것인가? 방관시하기에는 너무나 넓고 깊게 스며든 상정(常情)이고 관용(慣用)이다.

이것 말고도 우리 모두가 가족이나 이웃과 함께 우리 민족 고유의 말과 글을 쓰고, 김치와 노래를 즐기며, '대한민국 이겨라!' 목 놓아 응원하며, 이 강산을 사랑하는, … 이 모든 태생적인 생활모습과 행동을 민족이나 민족주의를 떠나서 달리 무엇으로 설명할 수 있겠는가? 이것은 결코 민족주의의 비하나 용속화가 아니다. 이 명명백백한 상식과 관행을 외면하고 왜곡하는 것은 분명 자기부정이고 자기기만일 따름이다.

그러면 실타래처럼 얼키설키한 이 난제를 어떻게 풀 것인가? 모든 난제의 해결은 진실에로의 접근으로부터 출발한다. 민족론에서 과연 무엇이 진실이며, 우리는 지금 어떻게 그 진실에 다가가고 있는가? 다가가는 길은 여러 갈래가 있을 수 있는데, 우리는 어느 길을 택하고 있는가? 그 길이 제대로의 길인가?

 필자는 모색에 모색을 거듭한 끝에 이에 대한 천견이나마 누누이 피력했다. 초점은 우리 현실에 관한 모색에 맞췄다. 그리고 여러 가지 오견이나 왜곡이라고 판단되는 것에 대한 나름의 분석과 해명. 진단과 처방을 개진하고 비판을 가했다. 그러다 보니 때로는 날카로운 대립각을 세우지 않을 수 없다. 그러나 이 모든 것은 갑작스레 '인위적인 대척점(對蹠點)'이나 만들어 논쟁을 위한 논쟁이나 부추기려는 것이 아니라, 이 시대 우리가 불가피하게 직면한 민족문제 해결의 이론적 지침인 민족론에서 나타나는 저간의 부당한 오해와 매도를 간과할 수 없는 학자의 양식으로 논의와 대응에 나섰을 뿐이다.

 이 글은 민족론에 관한 거창한 이론적 담론이 아니라, 현실, 특히 우리의 현실을 겨냥해 나름대로의 진정성을 가지고 시도한 실담(實談)이다. 그리하여 우리 속에 있는 여러 가지 견해와 주장들을 적출해 종합 분석하고 시비를 가려낸 다음 개념 정립을 비롯한 입론에 이르고자 하였다. 물론 민족론에서 우리의 현실은 특수일 수가 있다. 홉스봄은 한국과 중국, 일본을 "종족적으로 거의 또는 전적으로 동질적인 인구로 구성된 역사적 국가의 아주 드문 예에 속하는" 경우라고 평하였다. 이 평가 내용이 다 적절한 것은 아니지만, 한국이 민족문제 해결의 경험이나 궤도에서 남다른 '특수'(혹은 '이탈')를 지니고 있음은 부인할 수 없는 사실이다. 자타가 인정하다시피 한민족은 다른 어떤 민족보다도 강한 동질성과 정체성을 유지해 왔으며, 지금은 민족분단이라는 특수한 경험에 직면하고 있다.

바로 이 때문에 어떤 연구자는 한국은 민족과 민족주의 연구에서 '이탈적인' 사례로서는 흥미가 있지만, 일반화하기는 어렵다고 실토한다. 그런가 하면, 어떤 이는 오히려 그것이 '매력적인 사례'라고 하면서 연구를 권장한다. 문제는 이 특수를 어떻게 보편화할 것인가 하는 것이다. 보편은 특수의 귀납이고 집적이지만 때로는 특수가 보편의 선도(先導)나 전형(典型)이 될 수 있다. 이것이 보편에 대한 특수의 기여다. 우리 민족의 역사는 국내외의 민족과 민족주의 연구자들에게 특별한 '이론적 도전'을 요청하고 있다. 이러한 맥락에서 민족론에 관한 우리의 재생적 담론이나 연구가 민족론 일반의 이론적 정립에 소정의 기여가 있기를 바라마지 않는다.

이 글에서 밝힌 민족론의 재생적 담론 중 주요 내용을 정리하면 다음 열 가지다.

민족담론에서는 :

1) 주·객관적 요소의 포괄적이며 균형적인 인식에 기초해 민족 구성을 이해해야 하며, 혈연에 대한 무지와 오해에서 비롯된 '민족부정론'이나 '혈통주의'를 지양해야 한다.

2) 민족발생론에서 기존의 근대주의와 영속주의의 이론적 한계성을 극복할 수 있는 새로운 합리적 이론체계로 연속주의(連續主

義, continualism)를 제시한다.

3) 민족은 허상이 아니라 사회역사적 엄존의 실체임을 확인하며, 시대별 민족 개념을 정리한다.

4) 이른바 경제적 공통성의 상실 등을 이유로 삼아 주장하는 남북 간의 '타민족론'이나 '친구론'은 철두철미 반민족론임을 적시한다.

5) 민족의 개념을 다음과 같이 정의한다. "민족이란 일정한 지역에서 장기간 공동체생활을 함으로써 혈연, 언어, 경제, 문화, 역사, 지역 등을 공유하고 공속의식과 민족의식에 따라 결합된 최대의 인간공동체로서 소정된 역사발전의 전 과정에서 항시적으로 기능하는 엄존의 사회역사적 실체다."

민족주의 담론에서는 :

1) 민족주의는 민족에 수반한 역사적 산물로서 근대에 출현한 것이 아니며, 한국에서의 이른바 근대적 민족주의 '발전단계론' 등은 부당한 민족주의 단계론이다.

2) 각종 불합리한 민족주의 기능론과 폐기론을 극복하고 민족주의 속성에 부합되는 대응논리를 개발해야 한다.

3) 민족주의는 '2차 이데올로기'이거나 '임시적'인 시류가 아니라 태생적이고 일관적이며 잠재적으로 작동하는 역사와 생존의 보편가치이며 보편적 진보주의이다.

4) 연대의식과 수호의지 및 발전지향성의 민족주의 3대 속성은 한민족사에서 그 당위성과 생명력이 실증되었다. 따라서 그 이론의

보편화가 요망된다.

5) 민족주의 개념을 다음과 같이 정의한다. "민족주의는 민족 구성원 간의 연대의식과 민족수호 의지 및 발전지향성을 추구하는 민족의 이념적 표상으로서 민족 구성원 개개인의 삶에 체화된 의식구조이며 구체적 생활모습이다."

지난 세기 냉전의 종언과 더불어 더욱 기승을 부리기 시작한 일방적 및 신자유주의적 세계화 속에서 민족과 민족주의의 조락과 폐기는 더 가속화될 것이라는 판단은 현실이 입증하다시피 빗나가고 있다. 오히려 도처에서 부흥되고 성세를 타고 있는 양상이다. '도구적'이고 '임시적'인 민족주의가 얼마 가지 못할 것이라는 예단도 마찬가지로 빗나가게 될 것이다. '봉합된 민족문제가 다시금 부활'할 것이라고 주장하는 예단자들은 그 가능성에 당황해하고 있다. 그러면서 '캐치업론' 같은 더 엉뚱한 '논리'로 대응에 나서고 있다.

어느 한 사학자는 비록 민족주의자 김구가 '현실 속에서 이승만에게 패배' 당했지만, 이승만의 기념관을 세우자는 주장은 없는 반면에 김구의 기념관은 이미 세워진 사실을 예로 들면서 민족주의가 현실 속에서는 패배했더라도 역사 속에서는 승리했다고 봐야 하지 않겠는가고 조심스레 반문을 던진다. 그러면서도 그는 세계화 속에서 민족주의는 이미 '학계에서도 인기가 없는 낡은 단어'가 되고, 대신 탈민족주의는 '더욱 인기 있는 단어'가 되었다고 지적한다. 학자로서의 자가당착적인 고민이 묻어있는 엇갈린 판단이다.

현실은 역사의 단순한 반복이나 계승은 아니지만, 그렇다고 괴리는 절대 아니다. 왜냐하면 역사와 현실을 이어주는 보편가치는 상존하기 때문이다. 그러한 보편가치의 하나가 바로 민족주의다. 김구는 비록 그 민족주의를 고수하다가 암살되어 역사무대에서 사라졌지만, 그가 애국애족의 민족주의자였기에, 그리고 대중이 민족주의가 지니고 있는 '오랜 역사적 기억과의 결합'을 소중히 여기고 있기에 기념관을 세워 오늘도 그를 기리고 있는 것이다. 이것은 역사이면서 동시에 현실이다. 역사적 보편가치로서의 민족주의는 민족이 있는 한, 항시 현실로 남아있을 것이다.

아직은 10년밖에 지나지 않아 예단하기는 조심스럽지만, 지금의 추세로 보아 21세기의 세계는 기술문명의 발달에 반해 정신문명은 공허한 시대가 되지나 않을까 하는 우려가 앞선다. 이 시대와 그 이후를 이끌어갈 보편주의적 사상과 철학이 절실히 필요한 때다. 이제 세계는 다 같이 그 모색에 나서야 한다. 그 하나로 우리는 민족과 민족주의의 재생적 담론을 활성화시켜 민족론에 관한 체계적인 보편이론을 정립해야 할 것이다. 그런 과정을 통해 무지와 오해, 남용과 악용에서 비롯된 여러 가지 뒤틀린 민족론을 바로잡고, 민족통일의 실현과 일방적 세계화의 제어, 그리고 새로운 사회적 윤리도덕의 확립에서 동력으로 기능하는 민족과 민족주의에 대한 새로운 인식을 보듬고 가다듬어야 할 것이다.

| 부록 |

왜 다시 민족주의인가

　민족이 한낱 '허상'과 '주술'로, 민족주의가 억압과 모순의 '진원지'와 험상궂은 '야누스의 얼굴'로 먹칠되어가는 현실을 안타깝게 지켜보던 일군의 연구자들이 '21세기민족주의포럼'을 결성하여 지난 2년 동안 달마다 한 자리에 모여 민족담론을 주고받았다. 그 담론 가운데 일부를 추려서 글로 엮어 묶은 것이 바로 이 책이다. 저자들의 면면을 보면, 전문연구자들도 있지만, 더러는 민족담론의 현장을 누비면서 그 절박함을 통감한 이들이다. 이것만으로도 이 책이 지닌 성격의 일단을 엿볼 수 있을 것이다.
　흔히들 '민족'이나 '민족주의'하면 신물이 날 정도로 식상한데다가 이미 결말을 본 진부한 주제가 아닌가 하고 나무란다. 그럼에도 불구하고 굳이 이 시점에서 구태의연할 법한 민족과 민족주의를 다시 담론의 장으로 끌고 나오는 것은 과연 무슨 까닭에서인가? 한마디로 그 까닭은 절박한 시대적 요청이라는 데 있다.

세계적 범위에서 냉전체계가 무너진 후 이른바 '세계화'의 물결이 마냥 모든 것을 하나로 삼켜버리듯 일렁이고 있지만, 섣부른 예측과는 달리 곳곳에서 민족의 정체성 확립을 비롯한 민족문제가 막혔던 봇물처럼 터져 나오고 있다. 이러한 새로운 시대적 흐름 속에서 담론의 지형이 점차 종래의 보수 대 진보에서 세계주의(혹은 지역주의) 대 민족주로 바뀌어가면서 일시 물밑에 가라앉았던 민족론의 복원적 및 계승적 재생을 요청받고 있다.

이와 더불어 좀 더 거시적인 안목에서 보면, 이 시대가 안고 있는 여러 가지 구조적 부조리와 불미(不美)를 털어내는 데서도 민족론은 외면당할 수가 없다. 왜냐 하면 민족주의는 역사의 연속적 보편가치로서 기능하고 있기 때문이다. 새로운 문명의 창조나 인류의 윤리도덕을 바로 세우게 하는 기제는 어디까지나 인간의 최대 공동체인 민족들이 가꾸어 온 전통에서 비롯된다. 지금껏 여러 가지 오해와 왜곡으로 점철되어 온 민족주의를 '역사의 보편가치'라고 말하면 모름지기 의아스럽고 생경하게 들릴 수가 있겠지만, 바로 그러한 의아함과 생경함 때문에 우리는 이 책을 펴내 그 뜻을 숙성시키고 주지시키려고 한다.

민족담론에 대한 시대적 요청이란 줌(zoom)을 한반도로 좁히면 언필칭 민족통일이란 화두에 초점이 맞춰진다. 그런데 일단 초점을 맞춰놓고 미시경으로 투시해 보면, '민족통일'이란 피사체에 엄청난 균열이 생겨났음을 발견하게 된다. 갖가지 '이질성'을 앞세워 더 이상 남북한은 하나의 민족이 아니라는 '타민족론'에서 시작해 심지어 친구로나 지내자는 '친구론'까지 갖가지 '단일민족부정론'이 고개를 들고 있다. 그런가 하면 '통일'도 민족처럼 '마술'로 치부되어 '우리의 소원은 통일이다'라는 민족적 숙원이 이제 '비상식적' 허망으로 매도되는 지경에까지 이르고 있다. 또한 통일의 당위성을 놓고도 '하나의 민족'이기 때문이라는 근원적(숙명적) 당위성은 제쳐놓은 채, '평화 유지' 같은 시류영합적이며 변통적(變通的)인 필요성을 앞세우는 경향도 기세를 올리고 있다.

　누가 뭐라고 해도 민족통일은 우리의 역사적 오점을 씻어내는 거족적 대업이다. 하나의 민족으로서 거역할 수 없는 이 대업의 성취를 위해 너나없이 지혜를 모아야 할 때 나타나는 이토록 심한 균열과 대치(對峙)는 자칫 통일대업을 파탄으로 몰고 갈 수가 있다. 그래서 그러한 파탄을 미연에 제어할 수 있는 올곧은 민족론을 세우는 것은 우리 민족 구성원 모두에게 내려진 절박한 시대적 요청이 아닐 수 없다.

　'왜 다시 민족주의인가'라는 물음에서 '왜'에 대한 대답이 이것이라면, '다시'라는 말의 뜻은 과연 무엇일까? 여기서의 '다시'는 단순한 앞 것의 되풀이가 아니라, 갖가지 무지와 오해, 남용과 악용으로 인해 가위 '만신창이'가 된 민족론을 되살리는 의미를 지닌다. 그 '되살림'에는 타율적으로 시들어간 '민족론'을 본래의 모습으로 되돌리는 것과 함께 새 것을 보태 더 활기차게 키워나가는 뜻도 내포하고 있다.

그렇다면 이 책의 저자들은 무엇을 '다시' 되살리려고 시도했는가? 목차에서 보다시피, 민족과 민족주의 개념에서부터 민족론에 관한 각방의 견해와 해석, 남북한에서의 민족담론과 그 현장, 그리고 민족과 민족주의 전망에 이르기까지 다양한 주제들을 다루고 있다. 이러한 주제의 개진을 통해서 저자들은 나름대로 민족론에서 나타난 각양각색의 편향과 왜곡을 바로 잡으려고 부심했다. 그러나 워낙 복잡다기하고 숱한 짓궂음을 당해오고 있는 터에다가 저자들의 능력 부족까지 더하다보니 여러 가지 미흡점을 면치 못했음을 솔직히 자인하는 바이다. 그러면서도 이것이 유의미한 출발점이라는 데서 일말의 위안을 얻고 있다.

21세기민족주의포럼이 추구하는 기본정신은 실사구시한 민족론의 탐구이며, 그 핵심은 우리의 민족론 정립이다. 우리의 민족론이 바르게 자리하고 학문적 및 사회적 공감대가 이루어졌을 때, 통일을 비롯한 우리의 민족문제 해결이 순풍에 돛을 달게 될 것이며, 우리 사회는 융합과 선진화에 천착하게 될 것이다.

우리에게는 민족론을 바르게 세울 수 있는 경험과 잠재력이 있다. 우리의 민족사는 오늘날 다들 걱정하고 있는 다민족 다문화 문제 해결에서 수범을 보여 왔다. 그 연장선상에 있는 오늘의 민족이나 다문화 문제도 슬기롭게 그 매듭이 풀려나가리라고 믿어 의심치 않는다. 따라서 민족론에서 우리가 축적한 귀중한 특수경험을 보편이론화해 남들에게 넘겨주는 것은 우리에게 부여된 하나의 시대적 사명일 것이다.

 독자들이 이 책을 마주하다 보면, 기존의 '민족론'과는 짐짓 다른 점들을 쉬이 발견하게 될 것이다. 또한 유행되고 있는 통설이나 주장에 대해 각을 세운 비판 대목도 접하게 될 것이다. 그렇다고 저자들은 그처럼 복잡하고 날카로운 민족론에 무모한 메스를 들이대려고 한 것은 아니다. 다만 민족론, 특히 우리 민족론의 실상을 진지하게 파헤쳐놓고 함께 진단하며 처방을 찾아보고자 한 것이다. 요컨대, 논의의 장을 펼쳐보자는 것이다. 이 점에서 21세기민족주의포럼은 앞으로도 정례 포럼을 더욱 활성화하고, 그 결과물로 연구지 발간을 이어갈 것이다. 많은 연구자들의 동참을 기대한다.

 부실한 글들을 내놓으면서 독자 여러분의 가차 없는 질정과 비판을 바라는 바이다. 아울러 이 책이 발간되기까지 많은 관심과 노력을 기울인 '21세기민족주의포럼' 정해랑 대표님을 비롯한 관계자들과 도서출판 '통일뉴스' 이계환 대표님에게 뜨거운 사의를 표하는 바이다.

2010년 10월 필자들을 대표하여 정수일 씀

〈통일뉴스〉가 2010년 11월 1일 펴낸 공동저서 『재생의 담론, 21세기 민족주의』에 실린 필자의 '머리말' 글인 '왜 다시 민족주의인가'의 전문.

| 주요 참고문헌 |

권혁범, 『민족주의와 발전의 환상』, 솔, 2000.
김동성, 『한국민족주의 연구』, 오름, 1995.
노태돈, 「한국민족 형성시기에 대한 검토」『역사비평』겨울, 1992.
민경우, 『민족주의 그리고 우리들의 대한민국』, 시대의창, 2007.
박호성, 『남북한 민족주의 비교연구』, 당대, 1997.
송두율, 『민족은 사라지지 않는다』, 한겨레신문사, 2000.
서진영·김인성 공편, 『세계화시대 동아시아의 민족주의와 민주주의』, 오름, 2006.
신기욱 지음, 이진준 옮김, 『한국민족주의의 계보와 정치』, 창비, 2009.
신용하 편, 『민족이론』, 문학과지성사, 1985.
이성민, 『민족주의, 이제는 버려야하나』, 심상경제연구소, 2008.
이종욱, 『민족인가, 국가인가 ?』, 소나무, 2006.
임지현, 『민족주의는 반역이다』, 소나무, 1999.
장문석, 『민족주의 길들이기』, 지식의 풍경, 2008.
조 민, 『한국민족주의 연구』, 민족통일연구원, 1994.
차기벽, 『한국민족주의 이념과 실태』, 까치, 1978.
탁석산, 『탁석산의 한국의 민족주의를 말하다』, 웅진닷컴, 2004.
Davis, Horace B., 백낙청 엮음, 「마르크스 민족이론의 비판」『민족주의란 무엇인가』, 창작과비평사, 1982.
Kohn, Hans, 백낙청 엮음, 「민족주의 개념」『민족주의란 무엇인가』, 창작과비평사, 1981.
Nairn, Tom, 백낙청 엮음, 「민족주의의 양면성」『민족주의란 무엇인가』, 창작과비평사, 1982.
Geary, Patrick J., 이종경 옮김, 『민족의 신화, 그 위험한 유산』, 지식의풍경, 2004.
Giddens, Anthony, 진덕규 역, 『민족국가와 폭력』, 삼지원, 1991.
Hayes, Carlton J., 차기벽 역, 『민족주의 : 이념과 역사』, 한길사, 1981.
Hobsbawn, Eric J., 강명세 옮김, 『1780년 이후의 민족과 민족주의』, 창작과비평사, 1994.
Renan, Ernest, 신행선 옮김, 『민족이란 무엇인가』, 책세상, 2002.
Smith, Anthony D., 임지형 역, 『민족주의와 고전사회학 이론』『민족문제와 마르크스주의자들』, 한겨레, 1986.
.., 이재석 옮김, 『세계화 시대의 민족과 민족주의』, 남지, 1997.
Stalin, 편집부 편역, 「마르크스주의와 민족문제」『마르크스-레닌주의 민족이론』, 나라사랑, 1989.

民
——
主
統
——
談

하편

族
民族主義的
義
—
統一
談論

통일담론

여는글

70여년의 분단사는 8천만 우리 민족의 5천년 역사에서 일찍이 없었던 가장 비극적인 사회적 의제(議題)다. 그간 이 의제를 이론 실천적으로 해명하기 위한 이른바 '통일담론'에서는 여러 가지 접근방법이 적용되어 왔다. 그 한 가지가 학술모임이나 연구저술 같은 학문적 접근방법이다. 주로 전문 연구자들에 의해 주도된 이 접근방법을 학문계보에 준해 분류한다면 크게 정치학이나 경제학, 법학에 주안점을 둔 사회학적 접근방법과 역사학이나 철학, 민족학에 초점을 맞춘 인문학적 접근방법의 두 가지로 대별할 수 있다.

숱한 학문적 논저들을 얼추 추려 봐도 인문학적 저술에 비해 사회학적 저술이 분량 면에서 비교가 안 될 정도로 훨씬 우세하다. 문제는 단순한 양적 비중에 있는 것이 아니다. 분단이나 통일 같은 민족의 운명과 직결된 중차대한 사회적 의제를 놓고 다분히 사회학적, 기능주의적 접근에 치우친 나머지 문제의 본질 파악에서 저만치 동떨어져 있음을 갈파하게 된다. 물론 통일방안을 비롯한 통일담론에서 기능주의적이며 시류영합적(時流迎合的)인 전략이나 전술, 정책 같은 방책을 사회학적 시각에서 논급하고 제안할 수 있다. 그러나 그것만으로는 미흡하며 담론에서 편파성을 면할 수 없게 된다. 왜냐하면, 일국의 민족적 분단이나 통일 같은 사활이 걸린 중대한 사회적 의제는 반드시 심원한 역사적 배경에 바탕해서 일관된 해석과 해결의 지혜를 제공하는 철학적 논리와 지침이 안받침 되어야 하기 때문이다. 요컨대, 민족적 통일 같은 사회적 의제는 사회학과 인문학, 기능주의와 원리주의, 실천과 이론의 연구나 제언이 시종일관 균형 속에서 복합적으로 이루어질 때만이 비로소 소기의 성과를 거둘 수 있는 것이다.

지금까지 진행되어 온 기수부지의 통일담론을 훑어보면, 전술한 바와 같이 사회학적 접근이 대세를 이루지만, 더러는 조심스레 인문학적 접근을 시도하는 기미도 눈에 띈다. 10년 전 건국대학교 인문학연구원 산하에 출범한 '건국대학교 통일인문학연구단'(IHU)은 '과정으로서의 통일'과 '사람의 통일'이라는 통일 패러다임의 전환을 모색하면서 구체적으로 '소통·치유·통합'이란 아젠다를 제시하고 연구사업을 꾸준히 진행하고 있다. 그런가 하면 근간에는 '사회와 철학연구회' 소속 철학자들이 민족분단에 대한 '철학적 성찰'이란 제하의 유의미한 논저를 펴내기도 하였다. 이것은 균형 잡힌 통일담론의 장을 열어가는 단서로서 매우 바람직한 일이다. 그러나 아직은 '시도'나 '단서'의 초보단계로서 논리가 애매모호하고 전개가 얄팍하며 지향점이 명확치 않는 등 시급히 시정해야 할 흠결을 노정시키고 있다. 그 가운데서도 심히 우려되는 것은 낯선 서구의 민족이론을 여과 없이 통째로 삼켜버리는 폐단이다.

필자는 이러한 문제의식에서 출발해 작금 '진부한' 이념으로 치부되어 언급마저도 껄끄러워하거나 금기시함으로써 인문학의 '유기아(遺棄兒)'로 홀대되는 민족주의를 통일담론의 철학적 기조로 삼아 담론의 광장에 당당히 등장시키고자 한다. 그 전제는 민족주의야말로 역사의 보편적 가치이며 진보주의라는 나름의 지론이다. 여기서의 '나름의 지론'이란, 민족주의에 대한 일부 논자들의 터무니없는 무지와 오해, 남용과 악용의 행패로부터 필자가 터득한 민족주의 본연(本然)을 통일담론에서 오롯이 복원하고 재생해야 한다는 신념과 의지다.

이러한 '나름의 지론'에 준해 국내에서 분단이나 통일에 관해 개진된 기존의 숱한 담론이나 저술들을 꼼꼼히 살펴보는 과정에서, 아이러니하게도 사회학적 접근이나 인문학적 접근, 또는 진보학계나 보수학계를 막론하고 민족주의를 다루는데 있어서는 시각이나 방법에서 거의나 진배가 없다는 놀라운 사실을 발견하게 되었다. 이것은 서구학계에 대한 추미주의에 안주하다보니 그럴 수밖에 없는 것으로 판단된다. 간혹 불가피한 대목에 가서 긍정적이건 부정적이건 간에 '민족주의'를 언급하는 경우에마저도 마지못해 곁들이는 한두 마디 삽입어 정도가 전부일 뿐, 그에 관한 필요한 해설이나 전개는 별로 찾아볼 수 없다. 그만큼 민족주의는 여기 통일담론에서도 도외시되고 있음을 확인하게 된다. 언필칭 '민족통일론'을 논하는 마당에서조차 민족론의 2대 구성요소의 하나로서 민족통일의 철학적 이념을 기제하는 민족주의를 이렇게 자의(恣意)로 무시하는 것은 어불성설이 아닐 수 없다. 그래서 민족통일 담론에서 그 복원적 및 계승적 재생이 더욱 절실한 것이다.

'여는글'을 마무리하면서 독자들로부터 한 가지 양해를 구할 것은 '하편'의 일부 내용에서 나타나는 불가피한 중복성이다. '하편'은 '상편'에서 논급한 민족론, 특히 민족주의론을 이론적 근거로 하여 통일담론을 개진하고 있기 때문에 일부 표현이나 해석에서 민족론 관련 용어나 구절이 가끔 '상편'의 그것과 반복되는 경우가 있다.

I. 통일담론과 민족주의

한반도의 분단사는 지리적 국토 양단(兩斷)과 정치적 국가 분립(分立), 그리고 이에 따르는 민족 분열의 중층적(重層的) 과정을 함축하고 있으며, 모두가 '갈라짐'이란 뜻을 공유하고 있다. 그리하여 이 '양단'과 '양립', '분열'의 3가지 '갈라짐'을 '분단'이란 하나의 표현으로 개괄할 수 있을 것이다. 그러나 그 가운데서도 민족 구성원들 간의 동태적인 분열은 정태적인 국토 양단이나 국가 분립과는 다르게, 분단사에서 보다 역동적으로 기능함으로써 통일담론에서는 민족분단이 시종 민감한 문제로 다뤄지고 있다. 그런데 민족분단 문제는 다분히 민족에 대한 신념과 입장을 가늠하는 민족주의 담론에 의해 결정된다.

민족주의 담론은 민족주의가 언제 어디서 어떻게 탄생하였는가 하는 시원론과 어떻게 전개되어 왔는가 하는 전개론, 그리고 각이한 역사적 환경 속에서 어떠한 기능을 수행해 왔는가 하는 기능론의 세 가지를 주 내용으로 한다. 그런데 한반도의 경우, 민족의 탄생이나 민족주의 전개는 오랜 역사적 연원과 경륜을 지니고 있지만, 그 심층적 연구는 일천하다. 그마저도 주로 서구 유학파들에 의해 주도되다 보니 한반도의 현실, 특히 분단 현실과는 동떨어진 사이비 주의주장들이 무분별하게 난무하고 있다. 그 결과 민족의 실체나 민족주의의 본질을 왜곡하고 부정하는 서구 학계의 선입견적 영향을 받아 대부분의 논자들은 분단 현실에 대한 민족주의적 탐구를 기피하거나 소홀히 하는 경향이 짙으며, 진지하고 실사구시적인 학풍도 결여되어 있는 것이 현주소다. 이러다보니 통일담론은 민족주의에서 응분의 이념적 자양분을 섭취하지 못한 채 구태의연한 속론(俗論)에서 허우적거리고 있다.

1. 통일담론 속의 호도된 민족주의

분단에 관한 철학적 성찰을 지향한 한 저술에 발표한 「한국인의 새로운 민족주의」란 제하의 글에서 저자는 민족주의와 그 양면성에 관한 서양철학자들의 극히 오도된 주장을 다음과 같이 고스란히 옮겨놓고 있다. 즉 "민족주의는 양면성을 갖는다. 민족주의는 야누스(Janus, 로마의 문 수호신-필자)의 얼굴처럼 두 면을 가진다. 민족주의는 잠자는 미녀로 시작하여 프랑켄슈타인(Frankenstein, 괴물-필자)으로 끝난다. 민족주의는 그 신·구형을 막론하고 패러독스(paradox, 역설, 모순된 논리)로 가득 찬, 극도로 복잡한 역사적 현상이다. 도덕적인 동시에 비도덕적이고, 인간적인 동시에 비인간적이며, 고상한 동시에 야만적인 민족주의는 축복일 수도 있고, 저주일 수도 있다.", "민족들이 깨어나 자기의식을 갖게 되는 과정에서 민족주의가 생기는 것이 아니라, 민족주의가 민족을 발명한다고 말한다.", "민족주의는 신화요 이데올로기라고 잘라 말한다. 그것은 허위의식이며, 자연적인 것이 아니라 인위적인 것이라고 못박는다.", "민족주의 원형은 없다. 파시즘이야말로 어느 에피소드보다도 민족주의에 대해 더 많은 것을 말해준다.", "민족주의라는 거대한 가족을 검정고양이들과 흰고양이들, 그리고 몇몇 잡종들로 분류할 수는 없다. 전 가족이 예외 없이 얼룩이들이다. 온갖 형태의 '비합리성(편견, 감상주의, 집단적 자기중심주의, 침략성 등)'이 그들 모두를 더럽히고 있다."

오도를 넘어 악의적이기까지 한, 그리고 조잡하고 지루한 글이지만 저자의 궁극(窮極)을 알아차리기 위해 그대로 이렇게 인용해 본다.

우리는 이 글에서 민족주의 개념에 관한 서구인들의 극히 부정적이고 이중적인 오해와 왜곡을 갈파할 수 있다. 즉 개념에서는 민족 구성원 개개인의 삶에 체화된 의식구조가 아니라, 국가주의에 충실한 이념으로 정의되고 있으며, 민족주의의 원초적 속성 같은 것은 아예 무시되고 있다. 또한 상극적(相剋的)인 양면성을 일방적으로 부각시키면서 비합리성 일면을 터무니없이 강조한다. 마치 그러한 비합리성이 민족주의의 본질인양 호도되고 있으며, 따라서 민족주의는 인위적이며 허위적인 의식이라고 낙인찍는다. 그러면서 이 모든 것을 파시즘에 환원(還元)시키고 있다. 지어 어이없게도 민족의 의식화과정에서 민족주의가 생겨나는 것이 아니라, 민족주의가 민족을 '발명'한다는 인과전도(因果顚倒)의 역설(逆說)까지를 서슴지 않는다.

이러한 부정적이며 파괴적인 서방민족주의 추종자들은 오늘날 우리 사회의 요로(要路)마다에 도사리고 앉아 이른바 민족주의의 권력지향성이나 사회운동성, 반계급성, 반자유주의성 등 이른바 '부당한 기능론'을 거론하면서, 민족주의의 폐기론을 끈질기게 주장하고 있다. 필자는 이들이 주장하는 이른바 민족주의의 부당한 기능론과 폐기론에 관해 앞 '상편'('민족과 민족주의, 그 재생적 담론')에서 신랄하게 비판의 예봉을 돌렸다. 그러한 호도된 민족주의론은 여기 통일담론에서도 고스란히 반영되어 있다. 급기야 정정당당한 민족주의는 통일담론의 광장에서 설자리를 잃고 배제될 수밖에 없다.

이어 이 논자는 기본상 서구민족주의를 잣대로 하여 한국인이 겪은 몇 가지 민족주의 경험을 시대의 흐름에 따라 유형화하고 있다. 그는 한국인은 오랜 역사를 살아오면서 민족주의의 여러 유형을 복합적으로 경험했다고 전제하면서, 그 첫째로 한국의 민족주의는 순수한 혈통을 바탕으로 하는 '종족민족주의의 희귀한 사례'라고 지적한다. 그러면서 그는 "한국과 일본은 인구의 99%가 같은 종족이며 중국은 94%가 순수 종족이고, 동아시아의 이 세 나라는 … 희귀한 종족민족주의(ethnic nationalism)이다"라고 이집트 출신의 경제사학자 홉스봄(E.J.Hobsbawm)의 억설(臆說)을 진위 여부 가리지 않고 앵무새처럼 그대로 되뇌고 있다. 동아 3국은 다민족(종족) 국가로 '같은 종족'이나 '순수 종족'의 공동체가 결코 아니라는 초보적인 역사적 사실에 마저도 무지한 이런 식의 낭설은 일고의 반박할 가치조차 없다.

저자는 더 이어 역사의 보편가치로서의 민족주의가 지니고 있는 불변의 본질은 외면한 채 한국 민족주의를 그 변천과정에 따라 사이비적(似而非的)인 명칭을 들씌워 다음과 같이 유형화를 시도하고 있다. 그가 내세운 유형화를 보면, 순수 혈통에 의해 산생한 '종족민족주의'와 때를 같이해 반제독립투쟁을 전개하는 과정에서 '저항적 민족주의'가 탄생하였다. 광복 후에는 군사독재자들에 의해 '극우민족주의'시대가 도래하였는데, 이 시대에는 민족의 정신적 문화유산과 민족적 정통성이 경제력과 무력을 키우기 위한 왜곡된 수단으로 전락됨으로써 배타적인 국수주의와 자민족우월주의, 그리고 군사독재가 횡행하게 되었으며, 이로 인해 분단의 장벽은 높아지기만 하였다.

이러한 극우민족주의의 긴 터널을 빠져나와 맞이한 시대는 바로 평화통일을 지향하고 평등과 민주주의를 바탕으로 한 '통일국가 민족주의'시대다. 이 시대의 민족주의야말로 만민이 지향하는 '미래지향적 민족주의'며, 보편적 세계주의와 맞닿은 '개방적 민족주의'다.

보다시피 저자는 일관된 내재적 구조를 가진 민족주의를 시류영합적(時流迎合的)으로, 아무런 논리나 체계도 없이 이것저것 주어다가 조립, 그것도 조잡하게 조립한 나머지 유형화는커녕 분별없는 민족주의의 '잡동사니 수거함'이 되고 말았다. 무슨 '종족민족주의'니, '저항적 민족주의'니. '극우민족주의'니, '통일국가 민족주의'니, '미래지향적 민족주의'니, '개방적 민족주의'니 하는 등 극히 모호한 개념으로 유형화하고 있다. 이러한 사이비적 유형화는 애당초 불가한 전제에서 출발했기 때문에 그 시도는 무위(無爲)에 그칠 수밖에 없다. 즉 역사적 및 진보적 보편가치로서의 민족주의의 본연의 속성에 반하는 보수성, 배타성, 폐쇄성, 반역성, 종족성, 극우성 같은 부정적 '악성(惡性)'으로 민족주의를 아무런 논리적 근거 없이 임의로 재단하는 것부터 어불성설이다. '종족민족주의'니 군사독재자들에 의한 '극우민족주의'니 하는 것은 민족주의 유형이 아니라, 민족주의에 대한 왜곡이다. 순수하고 참된 '민족주의' 일어(一語)와의 무분별한 접두(接頭) 결합어는 있을 수가 없다. 같은 맥락에서 민족주의와는 전혀 무관한 '민족배타주의'는 있어도 유형화로서의 '배타적 민족주의'는 있을 수가 없는 것이다.

사실 한국에서의 민족주의는 통일담론을 제외한 사회학이나 정치학 분야에서는 중요한 논제로 다뤄지고 있다. 이 분야 학자들의 주장에 따르면, 그 원인은 한국에서의 민족주의가 차지하는 현실적 중요성 때문이다. 민족주의는 한국 사회에서 '최강의 이데올로기'이고, '부침(浮沈) 없는 지존의 위치'를 유지하고 있는 정치이념이며, '대중의 정서가 깊이 뿌리박고 있는 이념'이다. 그리하여 각양각색의 인위적이며 사이비적인 민족주의가 유령처럼 배회하고 있다. 그 명칭만도 문화적 민족주의, 정치적 민족주의, 시민적 민족주의, 내생적 민족주의, 외생적 민족주의, 민족 없는 민족주의, 배타적 민족주의, 열린 민족주의, 나치즘적 민족주의, 분단 민족주의, 혁명적 민족주의, 국가주의적 민족주의… 등등 이루 헤아릴 수가 없다.

역사 변화에 노출되어 타 이념들과의 혼재를 면할 수 없음에도 불구하고 엄연한 이념적 논리와 내재적 구조를 갖추고 있는 민족주의를 교조적으로, 비논리적으로, 그리고 의도적으로 마구 두부모 자르듯 유형화하는 것은 민족과 민족주의에 대한 무지나 오해, 남용이나 악용에서 비롯된 경솔한 오판이다.

2. 한민족 동질성의 균열과 통일

민족동질성이란 민족 구성의 주·객관적 요소들을 공유하고 있다는 뜻이다. 한 민족이 분열되었을 때 통일의 당위성을 이러한 민족동질성의 복원에서 찾는 것은 원론적으로 너무나 당연한 일이다. 남북으로 갈라진 한민족의 경우가 바로 그러하다. 그런데 작금 이러한 당연지사가 뿌리째 흔들리는 도전에 직면하고 있다. 요컨대, 생태적으로 민족의 형성을 가능케 하는 주·객관적 구성요소들의 공유로 인해 지니게 되는 고유의 민족동질성에 침식과 균열이 생김으로써 더 이상 한 민족이 아닌, '타민족'인양 분화되어가고 있는 이율배반적인 한심한 현실에 맞닥치고 있다.

타민족론(실제는 분족론)자들은 민족을 구성하고 있는 여러 가지 주·객관적 요소들의 공통성(공유성)이 점차 사라지고 있는 반면에, 이질성이 두드러지고 있다는 이유를 들어 남북한이 더는 하나의 민족이 아니라 서로 다른 두 개의 민족이라는 반만년 민족사에 일찍이 없었던 괴이한 주장을 공공연히 퍼뜨리고 있다. "같은 민족이라는 것은 군더더기로 보인다. 대한민국 국민이라고 하면 충분하다.", "이렇게 완전히 다른 사회에 살고 있는 남과 북의 주민이 과연 하나의 민족국가를 형성할 수 있을까? 또 하나의 민족국가를 이루는 것이 두루 행복이 될까?", "북의 핵실험을 계기로 해서 우리는 민족이라는 마술에서 깨어나 현실을 직시해야 한다.", "민족이란 문화공동체인데, 이제 남북은 '판이한 제도와 경제구조로 인해 더 이상 문화적 유사성을 공유하는 문화공동체'가 아니다. 이제 핏줄로도 같은 민족이라고 할 수 없으니 '단일민족이란 근거'는 그 어디에서도 찾아볼 수 없다." 한마디로, 남북한은 이제 더 이상 하나의 민족이 아니라는 것이다. 그 '근거'를 민족 구성 요소들의 공통성, 특히 경제제도와 경제수준에서 오는 공통성의 상실에서 찾고 있다.

물론 지금 남북한 간에는 경제제도나 경제수준에서 일정한 차이를 보이고 있는 것은 사실이다. 그렇다고 하여 그러한 차이 때문에 민족 구성의 주요한 요소의 하나인 경제적 공통성이 이미 사라졌으며, 나아가 그로 인해 남북한은 더 이상 하나의 민족으로 남아 있을 수 없는 것인가? 흔히들 피상적으로 '그럴 듯하다'고 수긍하지만, 과연 그러한가를 한번 진지하게 따져볼 필요가 있다.

원래 민족 구성 요소로서의 경제적 공통성이란 단순한 경제제도나 경제수준을 의미하는 것이 아니라, 경제의 기층구조(농업이나 상공업 등)와 경제생활(주로 의식주), 그리고 경제에 영향을 미치는 자연지리적 환경(기후와 부존자원 등)의 3대 요인에서 나타는 공통성을 말한다. 역사적 경험이 보여주다시피, 봉건제도나 자본주의제도 같은 각이한 경제제도나 경제수준을 겪으면서도 경제적 공통성은 시종일관 상실되지 않고, 민족 구성 요소로서의 원초적 기능을 그대로 유지하게 되는데, 그것은 바로 위의 3대 요인 때문이다. 지금 남북한 간에는 경제적 소통이나 경제제도 및 경제수준의 상호 보완 같은 것이 여의치 않지만, 이 3대 요인에 바탕한 기본적인 경제적 공통성(동질성)은 여전히 유지되고 있는 것이 엄연한 현실이다. 따라서 경제제도나 경제수준의 단순한 상차를 '근거'로 남북이 하나의 민족이란 단일민족설을 부정하고 타민족론을 주장하는 것은 섣부른 오판이라 하지 않을 수 없다.

　혈연이나 언어, 문화 등 다른 면에서의 남북한 간의 차이와 공통성 문제에 관해서도 이와 같은 실사구시한 문제의식으로 접근한다면, 틀림없이 바른 이해가 도모될 것이다. 이것은 타민족론이나 남북관계가 이제는 형제나 혈육관계가 아니라 '친구관계'라는 이른바 '친구론' 같은 반민족론, 반통일론을 극복하는데서 유력한 이론적 무기가 될 뿐만 아니라, 통일운동의 활력소로도 작용하게 될 것이다. 누가 뭐라고 해도 남북한은 하나의 동질민족으로, 친구 아닌 형제로, 혈육으로 살아 왔으며, 앞으로도 영원히 그러할 것이다. 이러한 신념과 공감(共感)이 없이 '민족이 다시 하나됨'을 외치는 것은 공염불에 불과하다.

3. 민족주의의 바른 개념

　통일담론의 근본적인 사상이론적 기반과 그 지향점을 거시적인 시각에서 통찰하고 파악하기 위해서는 여느 사회적 의제와 마찬가지로 그 철학적 기조(基調)를 밝혀야 한다. 무릇 사회적 의제라면 그 해명의 논리적 근거가 되는 철학적 기조를 오롯이 구비해야만 한다. 그런데 지금까지 우리의 통일담론에서는 그 기조 탐구가 논제에 오른 일이 별로 없으며, 따라서 그 기조를 심층적으로 명백하게 명문화한 개념 정립은 어디에서도 찾아볼 수가 없다. 간혹 시도라도 있다면 표피적인 천박한 각인각설에 불과해 철학적 접근이라고는 말할 수 없다. 이러한 현실을 감안해 필자는 민족통일 담론의 철학적 기조를 구체적으로 밝히기에 앞서 민족주의 개념 정립부터 제시해 보고자 한다. 왜냐하면, 후술하겠지만 필자가 주장하는 통일담론의 철학적 기조는 민족주의의 3대 속성의 구체적 발현(發現)이기 때문이다.

서구의 민족론에 따르면, 이데올로기로서의 민족주의는 2차 이데올로기 때문에 완벽한 논리적 구조를 갖출 수 없고, 여러 민족들이 겪는 경험이 다양하므로 보편적 이론합의에 이를 수 없으며, 운동의 방향에 따라 조작되기 쉽고 다분히 감성적이기 때문에 민족주의 개념 정립은 불가능하다고 하는 것이 통설이다. 이러한 서구의 개념 정립 불가론에 편승해, 국내의 연구자들 대부분도 일단 민족주의를 근대의 산물로 간주하면서, 근대의 흐름과 더불어 일시 생겨났다가 사라져야 할 진부한 이데올로기로, 그리고 국제화에 역행해 숱한 폐단을 양산하는 '반역(反逆)'으로서 폐기해야 한다고 서구의 반민족주의론을 복창하고 있다.

이에 반해 필자는 민족주의야말로 정연한 논리적 체계와 내재적 구조를 갖춘 이념이고 의식구조이며 생활모습이라고 확신한다. 내재적 속성으로 인해 역사성과 보편성, 역동성을 함께 구비하고 있는 민족주의는 다른 주의와는 달리 어떠한 한시적(限時的)인 시류(時流)나 흥행물이 아니라, 통시적(通時的)인 역사과정에서 형성 축적된 역사와 생존의 보편가치다. 또한 민족주의는 2차 이데올로기가 아니라,

인류의 모든 진보사상과 이념에 편재(遍在)하며, 그것들을 아우르는 보편적 진보주의다. 어떤 이는 민족주의자와 진보세력은 짝일 뿐이라고, 그 관계를 동반자 관계쯤으로 설정하면서 민족주의의 '부정적 면'을 제거하는 이른바 '민족주의 환골탈태'를 부르짖을 뿐만 아니라, 민족주의를 넘어선 사람(진보주의자)과 넘어서지 못한 사람(민족주의자)으로 편을 가르기까지 한다. 이것은 민족주의 보편가치에 대한 몰이해와 왜곡에서 비롯된 일종의 백해무익한 편견이다.

민족주의의 '부정적 면'이란 표현 자체가 부적절하다. 왜냐하면, 역사적 보편가치로서의 민족주의는 무슨 긍정적 면과 '부정적 면'이 따로 있을 수가 없기 때문이다. 혹여 있다면 미숙한 민족주의자가 민족주의를 이해하거나 실천하는 과정에서 노정시킨 부족점이나 부정적 면일 것이다. 의미론적으로 본연과 본연에 대한 일탈(逸脫)은 천양지판(天壤之判)이다. 물론 그러한 일탈적인 부정 면이 있어서 환골탈태하는 데는 이의(異意)가 따로 있을 수 없다.

흔히들 서구적 개념에 따라 민족주의와 국제주의를 상극적으로 대치시키면서 민족주의는 보수로, 국제주의는 진보로 흑백 논리화하고 있는데, 이 역시 명백한 착각이다. 필자의 천협(淺狹)한 체험으로서도 감히 단언할 수 있는 것은, 민족주의와 국제주의는 결코 서로가 어긋나지 않고 조화를 이룸으로써 진정한 민족주의자는 진정한 국제주의자이며, 참된 국제주의자는 참된 민족주의자라는 확증된 사실이다. 가장 민족적인 것이 가장 국제적이라는 것은 역사적 경험이 응축된 동서고금의 균형 잡힌 대명제다. 작금 세계화의 물결 속에서 이 대명제의 본의가 희석되거나 말살되어서는 안 될 것이다.

이상의 각론을 모아 포괄적으로 민족주의 개념 정의를 내려 보면 다음과 같다. 즉 민족주의는 민족 구성원 간의 연대의식과 민족수호 의지 및 발전지향성을 추구하는 민족의 이념적 표상으로서, 민족 구성원 개개인의 삶에 체화(體化)된 의식구조이며 구체적 생활모습이다.

이 민족주의 개념 정의에서 중요한 것은 연대의식과 민족수호 의지 및 발전지향성을 민족주의의 3대 속성으로 규정하면서, 민족주의는 관념적 이념(사상, 이데올로기, 주의 등)일 뿐만 아니라, 자체의 정연한 내재적 논리구조와 규범을 갖고 있는 의식구조이며, 추상이 아닌 일상의 생활과 활동에서 드러나는 구체적인 생활모습과 태도라는 점이다.

지금까지 민족주의 개념을 이해하는데서 가장 큰 폐단의 하나는 민족주의를 한낱 고담준론(高談峻論)에 속하는 이념이나 의식구조쯤으로만 치부하였지, 그것이 민족 구성원 개개인의 일상생활이나 활동에서의 지침이며, 드러나는 구체적 생활모습이나 태도라는 것을 무시한 점이다. 일상생활과 활동에서의 지침과 구체적 생활모습이나 태도, 이것이 바로 민족주의의 중요한 보편적 가치이며, 상수적(常數的) 기능인 것이다. 이러한 보편적 가치와 상수적 기능으로 인해 민족주의는 민족통일의 필수불가결의 이념일 뿐만 아니라, 통일담론의 철학적 기조가 되는 것이다.

II. 민족주의는 통일담론의 철학적 기조

　서구의 민족론 연구자들은 철학적으로 내용이 빈약하고, 일관성이 결여되어 개념조차 제대로 정립할 수 없는 민족론, 특히 민족주의론 분야에서는 정연한 이론이나 대사상가를 배출할 수 없다고 꼬집는다. 그것은 어디까지나 서양 민족론자들이 자신들의 처지를 놓고 하는 자괴적(自壞的) 비하일 따름이다. 따지고 보면, 그 원인은 민족주의 자체가 철학적으로 내용이 빈약하거나 일관성이 결여되어서가 아니라, 적중한 문제의식에서 출발한 심층적 및 광폭적 연구가 미흡하기 때문이다. 민족주의 경험이 일천하고 당초부터 민족주의를 이데올로기화, 정치화한 서구에서 논리적 개념 정립이나 대사상가 배출이 불가능한 것은 너무나 당연한 일이다.

　그렇다면 오랜 역사 속에서 민족주의 실천경험이 풍부하고 바탕이 두툼한 우리 동양, 우리 한국에서 그런 대이론가, 대사상가가 나와서 탈서구적 민족론을 새롭게 밝히고 정립해야 하지 않겠는가. 이를 위해 우리는『논어』「술이편(述而篇)」이 가르치는 '술이작(述而作)'(선인의 것을 서술할 뿐만 아니라, 새것을 창작하다)의 학풍을 철저히 세워야 할 것이다. 특히 냉전시대가 막을 내린 21세기에 맞다든 분단국들의 재통일이나 짓눌렸던 민족정체성 회복 등 일련의 민족문제에서 진부한 서구 이론을 뛰어넘는 창의적인 민족론이 필수다. 더 이상 맹목적인 추미주의나 사대주의에 연연하지 말고 과감하게 제 머리로 사고하고 실천하기만 하면 이러한 시대적 사명은 십분 수행 가능한 것이다.

오늘 우리는 민족통일이란 시대적 사명에 부응하기 위해서는 참된 민족주의 담론에서 저만치 빗겨간 서구의 진부한 전철을 그대로 밟을 것이 아니라, 우리 나름의 창의적이고 합리적이며 성공적인 길을 개척해 나가야 할 것이다. 이를 위해서는 '술이작'의 학풍과 더불어 서론에서 밝힌 바와 같이, 통일담론에서 사회학적인 접근방법과 인문학적 접근방법을 적절히 배합해서 선용(善用)해야 할 것이다. 정치학을 비롯한 사회학적 접근은 좀 더 미시적이고 임기응변적이며 전술적인 관점에서 주어진 문제를 분석하고 구체적인 정책 방향이나 지침 등을 제시하는데 치중한다.

이에 비해 철학을 비롯한 인문학적 접근은 보다 거시적이고 원리적이며 전략적인 측면에서 해당 문제의 기저에 자리한 근본적인 사상과 이념 및 총체적인 이론적 윤곽과 그 지향점 등을 고찰하는데 주안점을 두는 보다 포괄적인 접근방법을 취함으로써, 어느 한쪽에 치우치는 기형적 편향을 지양하고 불편부당한 접근을 추구해야 할 것이다. 그런데 통일담론에서 이 두 가지 접근방법의 불편부당한 관철은 민족주의가 온축하고 있는 3대 속성이 차질 없이 구현될 때만이 비로소 가능한 것이다.

분열된 민족공동체의 재결합을 위한 통일담론에서는 인문학적 접근뿐만 아니라, 통일 정책이나 방안 제시 등 사회학적 접근에서도 그 철학적 기조는 시종 민족주의여야 한다. 왜냐하면, 민족주의만이 이 두 가지 접근을 조화시키는 매체역할을 수행할 수 있으며, 그에 따라 민족통일은 우여곡절을 피하거나 극복하면서 순탄한 대로를 따라 매진할 수 있게 되기 때문이다. 70여년의 한반도 분단사를 돌이켜보면, 애당초 통일담론의 철학적 기조에 대한 공유의식이 부재했기 때문에 심한 우여곡절을 겪으면서 통일은 지지부진할 수밖에 없었다.

지금까지 사계의 통일담론에서 나타난 가장 심대한 문제의 하나는 사회학적 기능주의 접근에 치중한 나머지 인문학적 접근에서 한계를 드러낸 점이다. 다행히 근간에 이러한 한계를 인지한 인문학계 일부에서는 통일담론에 관한 인문학적, 철학적 성찰을 시도하고 나섰다. 그러나 아직은 시도에 불과해 많은 심층적 연구가 요망된다. 이 대목에서 주목을 끄는 것은 작금 남북 당국자들 간에 통일과 관련해 합의된 일련의 문서에 의식적이건 무의식적이건 간에 민족주의적 통일 철학이 반영되어 있으며, 그것이 점차 확산 기미를 보이고 있다는 점이다.

앞에서 밝힌 바와 같이 민족주의가 갈무리하고 있는 연대의식과 민족수호 의지 및 발전지향성의 3대 속성은 민족분단의 극복을 지향하는 통일담론이 받아들여 지켜야 할 철학적 기조인 동시에 민족주의적 통일철학의 핵심인 것이다. 그 구체적 반영이나 구현 상황은 그간 남북한 당국자들이 공식 합의해 발표한 6종의 공동성명이나 선언, 합의서에서 찾아볼 수 있다.

1. 연대의식

원래 민족 구성원들 간의 연대의식은 민족 구성의 주관적 요소인 민족의식의 자연적 발현으로서 어느 민족에게 있어서나 그 형성과 존속에서 필수불가결의 가치관이며 민족주의 고유속성의 하나다. 이것이 결여될 때, 민족의식이란 주관적 구성요소가 마비됨은 물론, 혈연이나 언어, 경제, 문화, 지역, 역사 등 객관적 요소들의 공유마저도 불가능하게 됨으로써 궁극적으로는 민족의 쇠망을 초래하게 된다. 이러한 연대의식은 민족 구성원 간의 상호 신뢰와 상부상조, 유대감, 단결, 화해, 관용 등 인간관계에서의 자각적인 미덕으로 나타난다.

한민족은 발전의 전 과정에서 이러한 민족적 연대의식의 수범을 보여 왔으며, 그것이 한민족의 성장과 민족주의 성숙에서 강력한 동력과 자양분이 되었던 것이다. 공생공영과 상부상조의 공동체 정신을 함양함으로써 널리 인간을 이롭게 한다는 홍익인간(弘益人間)의 개국이념으로부터 시작해 일찍이 항간에 유행했던 복덕방이나 향약, 품앗이에 이르기까지 모두가 상호협력과 합심을 유발하는 공동체적 연대의식에서 비롯된 것이다.

이러한 전통적 연대의식은 민족분단이란 엄혹한 현실에서도 외면당하지 않고 그 맥을 그대로 이어오고 있다. 그 동안 남북한이 공동으로 제시한 통일방안을 비롯한 일련의 통일담론에서 우리는 이 점을 읽을 수가 있다. 분단 후 처음으로 '대결의 동면(冬眠)' 속에서도 남북 쌍방은 '7.4남북공동성명'(1972)을 발의해 자주와 평화, 민족적 대단결이란 조국통일 3대 원칙을 천명하면서 "끊어졌던 민족적 연계를 회복하며… 남북 사이에 다방면적인 제반 교류를 실시"하기로 합의하였다.

그로부터 20년이 지나서 20세기가 가기 전에 남북한이 '하나의 사회적, 문화적, 경제적 공동체로 통합될 수 있을 것'이라는 '장미 빛 합의의 시대'(노태우 정권 시대)에 이르러 쌍방은 역사적인 '남북기본합의서'를 체결하였다. 모두 25조의 합의서 내용은 크게 남북화해와 남북불가침, 남북교류와 협력의 3대 범주로 구성되었으며, 근 1년에 걸쳐 합의서를 집행하기 위한 9종의 세부 합의문도 작성되었다. 이 합의서야말로 당시 필자가 심혈을 기울여 탐구하던 통일방안 구상이 거의나 반영되었을 뿐만 아니라, 그 후 오늘에 이르기까지 상정된 모든 통일방안의 명실상부한 모본(模本)이 되고 있다는 점에서 감히 '역사적인 합의서'라고 말할 수 있을 것이다. 그러나 막바지에 아쉽게도 쌍방 간의 의견 차이로 인해 구체적 시행을 보지 못한 채 '상징적인 문서'로만 남게 되었다.

이 합의서에 명시된 연대의식과 관련된 구체적 내용을 보면 다음과 같다. 즉 상대방의 체제를 인정하고 내정에 간섭하지 않으며 상호 비방을 중지하고 분쟁은 평화적으로 해결한다. 자원을 공동 개발하고 경제교류를 추진하여 민족경제의 통일적 발전과 민족 전체의 복리 향상을 도모한다. 사회 문화의 여러 분야 교류를 촉진하고 자유왕래를 실현하며 대외에 공동으로 진출하고 국제무대에서 협력한다. 물자교류를 상호성과 유무상통의 원칙에서 진행하며, 경제관계를 무관세의 민족내부관계로 발전시킨다. 또한 여러 분야의 행사를 공동으로 진행하며 동포애로 상대방의 재난 구제에 동참한다는 등 실로 다양한 연대의식 증진에 합의를 보았으며 구체적인 실현방도까지 제시되었다.

이후에 제시된 일련의 통일방안에도 예외 없이 이러한 연대의식 정신이 계승 반영되었으며, 그 실현을 위한 구체적 조치들이 명문화되고 있다. 5년간의 '공백의 시대'를 뛰어넘어 드디어 맞게 된 '접촉의 시대'(김대중-노무현 정권 시대) 7년간에는 사상 초유로 두 차례의 남북한 정상회담이 열려 남북관계 개선과 통일의 전망에 바야흐로 여명이 동트고 있었다. 첫 회담에서 발표된 '6.15남북공동선언'(2000년)에는 "남과 북은 경제협력을 통하여 민족경제를 균형적으로 발전시키고, 사회·문화·체육·보건·환경 등 제반 분야의 협력과 교류를 활성화하여 서로의 신뢰를 다져 나가기로 하였다"는 대강(大綱)을 제시하면서 연대의식의 바탕인 '상호신뢰'를 강조하고 있다.

두 번째 회담에서 발표된 '남북관계 발전과 평화번영을 위한 선언'('10.4남북정상선언', 2007년)은 앞의 '6.15남북공동선언'을 '고수하고 적극 구현'하기 위한 후속 선언이기는 하나, "쌍방은 우리 민족끼리 뜻과 힘을 합치면 민족번영의 시대, 자주통일의 새 시대를 열어 나갈 수 있다는 확신을 표명하면서", "남과 북은 우리 민족끼리 정신에 따라 통일문제를 자주적으로 해결해 나가며 민족의 존엄과 이익을 중시하고 모든 것을 이에 지향시켜 나가기로 하였다"(1조)고 조문화함으로써 남북 간의 역대 어느 선언이나 성명보다도 '우리 민족끼리'란 자주의 기치를 높이 든 강경하고 명철한 선언이었다. 특히 이 선언 명문에는 통일담론의 철학적 기조인 민족주의의 3대 속성(연대의식, 민족수호 의지, 발전지향성)이 오롯이 함축되어 있어 선언의 심원한 함의를 깊이 되새기게 한다.

이러한 함의는 다음과 같은 조항들에서 구체화되고 있다. 즉 "남과 북은 민족경제의 균형적 발전과 공동의 번영을 위해 경제협력 사업을 공리공영과 유무상통의 원칙에서 적극 활성화하고 지속적으로 확대 발전시켜 나가기로 하였다. 남과 북은 경제협력을 위한 투자를 장려하고 기반시설 확충과 자원개발을 적극 추진하며 민족내부협력사업의 특수성에 맞게 각종 우대조건과 특혜를 우선적으로 부여하기로 하였다."(5조) "남과 북은 민족의 유구한 역사와 문화를 빛내기 위해 역사·언어·교육·과학기술·문화예술·체육 등 사회문화 분야의 교류와 협력을 발전시켜 나가기로 하였다."(6조) "남과 북은 인도주의 협력사업을 적극 추진해 나가기로 하였다. 남과 북은 흩어진 가족과 친척들의 상봉을 확대하며 영상편지 교환사업을 추진하기로 하였다."(7조)

여기에서의 '공동의 번영'이나 '공리공영과 유무상통', '민족내부협력사업의 특수성', '특혜의 우선적 부여', '인도주의 협력사업' 같은 표현은 모두가 갈라진 겨레 간의 연대의식 함양을 지향한 뜨거운 동포

애의 표출이다.

  그러나 통일의 길은 결코 평탄치 않다. 가다 서다를 반복해 온 남북관계와 통일담론은 엉뚱한 '북한붕괴론'과 '통일대박론'에 발목이 잡혀 9년간(2008~2017년)의 '공든 탑이 무너지는 퇴행의 시대'(이명박-박근혜 정권 시대)에 맞닥뜨렸다. 그러나 민족적 지혜를 모아 이 어두운 시대를 어렵사리 넘기고 다시 전격적인 '접촉의 시대'(문재인 정권 시대)를 맞는다.

  2018년 다섯 달을 사이에 두고 남북 두 정상이 판문점과 평양에서 번갈아 만나 공동선언과 합의서를 발표하였다. 판문점선언에서는 새로운 평화시대의 도래를 선포하고 그에 걸맞은 단합과 협력 교류, 민족공동행사 등을 약속하고, 평양합의서에서는 민족자주와 민족자결 원칙을 재확인하고 남북관계를 통일로 이어갈 전망을 제시하였다. 그러나 두 정상의 백두산 정상 만남으로 상징되는 '접촉의 시대'는 뜻밖의 단절로 허무하게 흘러만 가고 있다.

  우리 민족은 재래로 남다른 포용력을 숙성시킨 민족으로 알려져 왔다. 어떤 이는 대한민국이 아시아에서는 최초로 2005년부터 외국인에게 제한적인 참정권을 부여하기 시작한 일을 포용력의 미덕으로 크게 내세우지만, 사실은 1천여 년 전에 이러한 미덕은 이미 이 땅에서 꽃피고 있었다. 그 대표적인 일례는 고려가 채택한 이른바 '내자불거(來者不拒, 오는 자 막지 않는다)'의 포용적 귀화책이다. 지금 남한의 275개 성씨 중 근 절반에 가까운 130여개 성이 외래성이다. 인구

230만밖에 안되던 고려 초 100년간 무려 17만 외래인이 고려로 몰려들었다. 이렇게 인구의 약 7.4%에 달하는 많은 외래인이 일시에 귀화할 수 있었던 것은 고려의 '내자불거'의 포용적 귀화정책 덕분이었다.

고려는 튼튼한 국력과 높은 문화적 자신감을 바탕으로 귀화인에게 최대의 포용과 우대의 선정을 베풀었다. 호적에 편입시키고 성을 하사할 뿐만 아니라, 관직을 제수하고 작위와 식읍을 내리며, 안착용 주택과 전답·미곡·의복·기물·가축 등까지도 시여하였다. 지어 도래한 범죄자들의 안전을 염려해 국경에서 멀리 떨어진 곳에 안착시키는 세세한 배려까지 잊지 않았다. 그리하여 오늘의 대한민국 귀화인 중 60%가 고려시대에 한국인이 된 외국인이다.

이러한 포용과 우대 속에서 귀화인들은 고려문화의 용광로에 자연스럽게 융화되어 혈통을 제외한 나머지 민족구성의 주·객관적 요소들은 신속하게 고려화(한민족화)됨으로써 단일민족의 당당한 구성원이 되었다. 이렇게 고려는 다민족의 단일민족화, 다문화의 단일문화화에 성공함으로써 역사상 다민족문제 해결에서 수범을 보였다. 여러 민족 간에 포용에 바탕한 연대의식이 없었다면 이러한 민족문제 해결은 결코 불가능했을 것이다.

이와 같이 민족주의 속성의 하나인 민족 구성원 간의 연대의식은 유구한 민족사에서 뿐만 아니라, 분단시대인 오늘에 와서도 통일담론의 철학적 기조로서 통일방안을 비롯한 제반 통일담론에서 핵심논제의 하나로 기능하고 있다. 그러나 지금까지 통일담론에 대한 철학적 접근이 제대로 이루어지지 않은 탓에 연대의식에 속하는 여러 가지 내용을 선언이나 협약으로 기제하면서도 그것에 대한 원론적인, 철학적인 분석이나 이해는 간과하여 왔다. 그럼에도 불구하고 다행스러운 것은 비록 둘로 갈라졌지만, 모두가 하나같이 민족공동체로서의 정체성을 잃지 않고 계승 고수하면서 연대의식을 굳건히 간직하고 있으며, 그것이 통일방안을 비롯한 통일담론에 반영되어 있다는 점이다.

2. 민족수호 의지

우리의 민족사가 보여주다시피, 민족주의의 한 속성인 민족수호 의지는 민족의 흥망성쇠와 직결된 중요한 가치관으로서 우선, 외침으로부터 민족의 독립과 자주를 지켜내는 데서 나타난다. 우리 민족은 역사상 1천1백여 차례의 외침과 간섭을 물리치고 독립을 지켜냈다. 고려는 거족적으로 궐기해 강적 몽골의 125년간의 간섭을 막아냈다. 그런가 하면 유교사상으로 인해 문치주의 문약(文弱)에 빠졌다고 색안시(色眼視) 당하던 조선은 중근세의 세계적 격랑 속에서도 단일민족 왕조를 518년간이나(세계사에서 드문 일) 유지해 왔다. 특기할 것은 어떠한 외래사상도 일단 한국에 들어오면 한민족의 민족수호 의지에 감응되어 열렬한 호국애족의 사상으로 변모한다는 사실이다. 조선시대 문치나 성리에만 안주하던 유생문반들(의병의 80%)도 일단 나라와 민족의 수난 앞에서는 의연하게 총대를 잡고 민족 수호를 위해 결사분전 하는 용맹을 떨쳤던 것이다.

다음으로, 우리나라와 같이 민족이 분열된 경우에 민족수호 의지는 민족의 통일과 단결 및 동질성을 복원하고 지키는 데서 나타난다. 여기서 중요한 것은 민족구성의 객관적 요소들인 언어·문화·역사·경제·지역 등의 동질성을 확보하는 것이다. 지금 일부에서는 시간이 흐름에 따라 남북한의 이질화가 심화되면서 동질성이 점차 사라져 급기야 '타민족'일 수밖에 없다는 패배주의적 '타민족론'이 거론되고 있다. 이러한 '타민족론'은 '우리는 하나'라는 캐치프레이즈 속에 전개되는 통일담론에 상치(相馳)되는 위험천만한 '분열론'이다.

그밖에, 민족수호 의지는 세계 속에서의 민족의 당당한 위상이나 존엄을 지키면서 응분의 국제적 역할을 다하는 데서도 나타난다. 진취성을 천부적으로 체질화하고 있는 한민족은 슬기로운 지혜와 남다른 근면성과 낙천성으로 인류역사의 발전에 나름대로의 기여를 함으로써 일찍부터 세상에 알려지고 선망의 대상이 되었다. 특히 민족분단이란 엄혹한 여건 속에서도 민족을 지켜내고 빛내는 민족적 저력에 대해 한결같은 찬사를 보내고 있다.

이러한 민족수호 의지의 대의는 얼마간의 온도 차이는 보이지만, 남북 쌍방이 합의 발표한 일련의 통일방안에서 시종여일 변함없이 그대로 반영되고 있다. 첫 합의문서인 '7.4남북공동성명'에서 제시한 조국통일 3대 원칙 가운데서 "통일은 외세에 의존하거나 외세의 간섭을 받음이 없이 자주적으로 해결해야 한다"라는 1조와 "사상과 이념·제도의 차이를 초월하여 우선 하나의 민족으로서 민족적 대단결을 도모하여야 한다"라는 3조는 바로 이러한 민족수호 의지의 강력한 표출이다. 남북 간의 대립과 갈등이 심각한 시기에 쌍방이 가까스로 합의한 이 조국통일 3대 원칙은 후일 통일방안을 비롯한 모든 통일담론에서 민족수호 의지를 선도하고 규제하는 철학적 기조가 되었다.

이 철학적 기조가 1990년대 초의 '남북기본합의서'에서는 '남과 북은 국제무대에서 대결과 경쟁을 중지하고 서로 협력하며 민족의 존엄과 이익을 위하여 공동으로 노력'(6조)하며, 민족경제의 통일적이며 균형적인 발전을 위해 자원의 공동개발과 물자교류, 합작투자 등 경제교류와 협력 방안으로 구체화되었다. 6.15남북공동선언과 10.4남북정상선언에 이르러서는 한 걸음 더 나아가 '우리 민족끼리'란 정신으로 국제무대에서 '민족 이익'과 '동포 권익'을 위해 협력할 것(8조)을 강조하고 있다. 이러한 맥락에서 문재인 대통령과 김정은 위원장은 2018년 '4.27판문점선언'과 '9.19평양공동선언' 합의서 모두에서 '우리 민족의 운명은 우리 스스로 결정한다는 민족 자주와 자결의 원칙'을 다시금 확인한 다음 종전을 선언하고 정전협정을 평화협정으로 전환하며 핵 없는 한반도를 실현한다는 등 보다 진취적이고 심원한 통 큰 철학적 밑그림을 그려놓았다.

3. 발전지향성

민족주의를 조금이라도 제대로 이해하는 사람이라면 전술한 바와 같이 연대의식과 민족수호 의지를 민족주의의 2대 속성으로 규정하는데 대해 크게 의문시하지 않고 수긍할 것이다. 그러나 발전지향성을 세 번째 속성으로 설정하는데 대해서는 창의적인 생소한 개념인 것만큼 고개를 갸우뚱할 것이다. 십분 이해된다. 그것은 종래 민족주의 속성에 대한 불완정(不完整)한 편견이 학계와 여론을 지배해 왔기 때문이다.

주지하다시피, 지금까지 민족주의에 대한 가장 치명적인 오해와 왜곡은 민족주의의 '폐쇄성'이나 '배타성' 운운이다. 이른바 '폐쇄적 민족주의'나 '배타적 민족주의'가 마치 하나의 고유한 태생적 유형인양 민족주의에 제멋대로 붙여진 부당한 딱지다. 그런가 하면 민족주의의 부분적 '진보성'을 긍정하는 일부 논객들마저도 민족주의의 '폐쇄성'이나 '배타성'의 대척(對蹠) 개념에서 이른바 '열린 민족주의'를 무슨 새롭게 발명한 민족주의의 한 유형처럼 들먹이고 있다.

이러한 무분별한 주장들은 모두가 민족주의 고유 속성의 하나인 '발전지향성'에 대한 무지이거나 오해에서 비롯된 것이다. 민족주의에는 근원적으로 '폐쇄적 민족주의'니 '배타적 민족주의'니, 또 무슨 '열린 민족주의'니 하는 별종의 주의가 따로 있을 수 없다. 오로지 민족주의 그 자체만이 있을 뿐이다. '폐쇄적 민족주의'나 '배타적 민족주의'는 본질적으로 '민족폐쇄주의'나 '민족배타주의'로서 역사의 보편 가치로 정립된 참 민족주의와는 전혀 무관한 이탈적 주의주장일 따름이다.

일반적으로 발전지향성이란, 말 그대로 남보다 진보를, 남과 겨루기에서의 승리를 염원하고 추구하는 이념이자 몸에 밴 정서다. 민족주의가 일찌감치 사라졌다고 하는 유럽에서 운동경기 때마다 폭발하는 응원 광기의 동인(動因)은 과연 무엇일까? 그것은 남과의 겨루기에서 승리를 추구하는 민족주의의 순수한 고유 속성으로서, 자연스럽게 발산되는 발전지향성으로밖에 달리 설명할 도리가 없다. 이것은 민족(민족국가)의 발전이나 융성을 지향하는 선의의 경쟁이지, 결코 타자에 대한 능멸적 배타나 시기, 우월감은 아니다. 개개인의 이러한 지향과 정서가 민족공동체의 연대의식을 통해 발현되는 것이 바로 민족주의의 '발전지향성' 속성이다. 우리의 민족사에서 여실히 입증되다시피, 진정한 민족주의는 민족의 발전을 지향해 민족이나 민족국가의 경계에 빗장을 잠그는 것이 아니라. 타자와의 공생공영을 도모하며 폐쇄와 배타가 아닌 개방과 수용을 추구하는 이념이며 태도다.

발전지향성을 포함한 민족주의 속성은 원래 민족 구성의 주·객관적 요소의 필연적인 소산이다. 민족은 혈연·언어·역사·지역·경제·문화와 같은 객관적 요소와 이러한 요소들을 직·간접적으로 반영한 귀속의식이나 연대의식·애족사상·민족수호 의지·발전지향성·민족정신 같은 주관적 요소에 의해 동질성과 일체성, 정체성이 보장됨으로써 비로소 완벽한 민족이 생성되는 것이다. 민족학에서는 이 두 가지 요소,

즉 객관적 요소와 주관적 요소가 다 갖춰진 민족을 완전무결한 대자적 민족(對自的 民族, Nation für sich)이라 하고, 객관적 요소만 갖추고 주관적 요소가 결여된 민족은 즉자적 민족(即自的 民族, Nation an sich)이라고 한다. 이러한 즉자적 민족은 민족정신이나 기개가 빈약한 기형적 민족으로서 생물학적 오합지중(烏合之衆)에 불과하다.

보다시피, 우리 민족과 같은 대자적 민족이 지니고 있는 연대의식이나 민족수호 의지, 그리고 발전지향성 같은 민족주의 속성은 민족 구성의 주관적 요소의 필연적인 발현으로서 시종 민족의 생성과 궤를 같이하고 있다. 따라서 민족이 존재하는 한 민족주의는 간단없이 존속되며, 그 속성에서 발원되는 긍정적이며 건설적인 기능도 지속된다. 그래서 민족주의는 도구적이거나 임시적인 현상이 아니라, 지극히 자연스럽고 정상적으로 장기간 작동하는 일종의 사회현상인 것이다.

지난 분단 70여 년 동안 남북 간에 공식적으로 발표된 공동 성명이나 선언, 합의서 6건의 서명 당사자를 보면, 남한은 10명 중 5명, 북한은 3명 중 3명이 정상급이다. 남북한의 최고 권력자들인 이들 8명 정상이 동의 서명한 통일방안에는 통일을 이 시대의 민족 지상 과제로 인지하고 민족 성원 간의 연대의식과 민족수호 의지로 민족통일의 숙원을 실현해야 한다는 민족주의 속성의 당위성에 공히 합의하였다는 사실을 앞의 여러 통일방안 분석에서 확인할 수 있었다. 같은 맥락에서 이들 정상들은 민족주의의 다른 하나의 속성인 '발전지향성'의 구현으로 통일강국을 이루어내겠다는 강한 의지도 곳곳에서 표명하고 있다.

　모든 통일방안의 모태인 '7.4남북공동성명'에서는 "조국통일을 일일천추로 갈망하는 온 겨레의 한결같은 염원에 부합되는" 합의사항이라고(7조) 본성명의 밝은 전망을 예시하였으며, '남북기본합의서'에서는 "쌍방 사이의 관계가 나라와 나라 사이의 관계가 아닌 통일을 지향하는 과정에서 잠정적으로 형성되는 특수관계라는 것을 인정하고(서언) … 남과 북은 국제무대에서 대결과 경쟁을 중지하고 서로 협력하며 민족의 존엄과 이익을 위하여 공동으로 노력한다"(제6조)라고 합의함으로써 통일은 한민족 공동체 내에서 서로의 발전을 지향하는 민족적 과제임을 확인하였다. 한반도 분단 역사상 처음으로 열린 남북 정상 간에 합의한 '6.15남북공동선언'에서는 "남과 북은 나라의 통일을 위한 남측의 연합제 안과 북측의 낮은 단계의 연방제 안이 서로 공통성이 있다고 인정하고 앞으로 이 방향에서 통일을 지향시켜 나가기로 하였다"(2조)고 천명하였다. 이렇게 통상 상대방에 대한 이해와 양보를 기꺼이 수락함으로써 합의에 이르는 회담(담판) 역사상 유례 드문 전범을 보여준 이 공동성명서는 통일의 미래지향적 방향성까지를 명백히 밝히고 있다.

　이 통일의 지향성을 계승한 '10.4남북정상선언'은 '우리 민족끼리'나 '민족번영', '민족경제' 같은 민족의식이 짙게 응축된 내용들을 특별히 강조하면서, "민족내부협력사업의 특수성에 맞게 각종 우대조건과 특혜를 우선적으로 부여하기로 하였다"(5조)고 규정함으로써 민족경제의 균형적 발전과 남북 공동의 번영에 대한 온 겨레의 발전지향성적 염원을 만천하에 선포하였다. 이어 발표된 '4.27판문점선언'과 '9.19평양공동선언'은 선행한 '6.15남북공동선언'과 '10.4남북정상선언'에서 밝힌 통일방안의 기조를 대체로 그대로 유지하면서 이 선언이 민족의 공동번영을 앞당기고 남북관계를 개선하는데서 '역사적 전기'가 될 것이라는 전망을 공유하였으며('9.19선언' 서언), 2032년 하계올림픽을 공동개최하기 위해 협력한다는 구체적 지향 목표('9.19선언' 4조 2항)까지 제시하였다.

III. 통일담론의 2중 패러다임

남북으로 갈라진 나라와 민족을 다시 하나로 복원하기 위해 전개되는 한반도의 통일담론에서 가장 중요한 문제의 하나는 남북관계를 상충(相衝)과 공존이 교차하는 국가 대 국가의 관계로 볼 것인가, 아니면 연대와 상조(相助)를 본분으로 하는 민족 내부의 관계로 볼 것인가 하는 문제다. 지난 70여 년 동안의 분단사가 보여주듯이, 이러한 관계의 변화에 따라 통일담론의 패러다임(paradigm, 제도, 틀)이나 내용이 확연하게 다르게 된다.

일찍이 몇몇 연구자들은 이 점에 착안해 각이한 시각에서 통일담론의 패러다임을 논급해 왔다. 그 내용을 대별하면, 대체적으로 국가 대 국가 관계로 보는 국가 중심의 사회학적 패러다임과 그에 상응되는 민족 내부의 특수관계로 보는 민족 중심의 인문학적 패러다임의 두 가지다. 이것이 바로 한반도의 통일담론이 부득이하게 갖게 되는 2중 패러다임이다.

논의에 앞서 한 가지 부언할 것은, 논자들 간의 학문적 소통이 결여된 탓인지, 통일담론의 패러다임에 대한 학술적 표현이 각인각색이어서 심히 혼란스럽다. '국가우선주의적 패러다임'과 '민족우선주의적 패러다임', '국가중심적 통일담론'과 '민족중심적 통일담론', '국가 중심의 통일론'과 '민족 중심의 통일론', '국가 중심의 시각'과 '민족 중심의 시각', '국가 우선주의적 시각'과 '민족 우선주의적 시각', '국가 지향 가치'와 '민족 지향 가치', '국가성'과 '민족성' 등 애매모호한 유사 표현들이 제멋대로 쓰이고 있다. 이에 대비해 필자는 졸문에서 여러 가지 표현을 '국가중심패러다임'(state-centric paradigm)과 '민족중심패러다임'(nation-centric paradigm) 한 가지로 통일해 사용하고자 한다.

1. 2중 패러다임 산생의 역사적 배경

국가와 민족, 어느 하나를 중심에 놓고 사유하면서 2중 패러다임을 논하는 것은 체제가 서로 다른 두 국가이면서도 같은 민족이라는 남북관계가 이중성을 띨 수밖에 없는 한반도의 분단 현실에서 비롯된 특수 현상이다. 한반도의 분단역사를 되돌아보면, 당초부터 통일의 당위성과 현실성 사이에 커다란 괴리현상이 있었음에도 불구하고 남북은 공히 통일담론을 포기할 수가 없었다. 남북 간에 체제경쟁이 본격화되던 1972년에 '자주·평화·민족대단결'의 통일 3대원칙에 합의한 '7.4남북공동성명'은 적어도 겉으로는 서로를 대화상대로 인정하는 통일 논의(방안)이었다. 그러나 국가 지향적 가치가 민족 지향적 가치를 압도하던 당시의 역사적 제약 속에서 아쉽게도 이 화해 시도는 오래 지속되지 못하고 물거품이 되고 말았다. 오히려 상대방의 적대성을 더 강화하는 결과를 가져왔던 것이다.

사실상, 남한에서는 분단 이후부터 1980년대 중반까지 반공이데올로기에 바탕한 국가 중심의 통일 정책과 민족 중심의 재야 통일운동은 서로가 격심하게 대립하고 충돌해 왔다. 일찍이 진보당 당수인 조봉암이 국가우선주의적 패러다임에 기초한 무력통일을 반대하고 민주주의적 평화통일론을 주장하다가 역사의 이슬로 사라진 비극이 바로 그 대표적 일례다. 재야의 통일담론은 용공 논리에 밀려 철저하게 배제되고 압살되었다.

그러나 민주화운동과 통일운동이 결합되면서 그동안 금지되어 왔던 통일담론과 북한에 대한 이해의 욕구가 민간 차원에서 걷잡을 수 없이 확산되기 시작하였다. 특히 1987년 6월 민주항쟁을 계기로 민주화가 심화되고 세계적으로 탈냉전의 분위기가 조성됨에 따라 정부

당국도 이에 상응하는 통일담론과 통일정책 수립의 필요성을 느끼지 않을 수 없게 되었다. 이를테면, 정부 당국은 통일담론을 추진함에 있어서 전래의 일방적 국가중심패러다임으로부터 민족중심패러다임으로 변신해야 한다는 절박한 시대적 요청을 마냥 외면할 수만은 없었다. 드디어 6공 노태우 정부는 눈총을 맞으면서도 과감한 통일정책 전환의 시류에 편승하게 되었다. 이것이 통일담론이 2중 패러다임을 띠지 않을 수 없게 된 역사적 배경이다.

1988년 6공화국 정부는 '민족자존과 통일번영을 위한 특별선언'(7.7선언)을 발표해 북한을 대결의 상대로 보지 않고 화해와 협력의 동반자로 규정하였으며, 이어 다음해에 제기한 '한민족공동체통일방안'에서는 통일과정을 화해협력단계, 남북연합단계, 통일국가단계의 3단계 과정으로 설정함으로써 남북 화해협력의 가능성을 열어놓았다. 다행스럽게도 이 통일방안은 남북 화해와 협력을 통해 한민족 공동체를 복원해야 한다는 재야 통일운동이 주장하는 민족우선주의 가치가 정부의 통일정책에 처음으로 반영된 경우다. 이후 한국 정부가 발의한 일련의 통일방안들은 이 '통일방안'을 기본적인 모델로 삼았다는 것이 학계의 중론이다.

이러한 남한의 전향적인 통일담론과 통일정책이 남북 관계의 전개에 반영된 것이 바로 1991년 12월에 남북 총리가 서명한 「남북기본합의서」이다. '합의서' 서문에는 남북한 "쌍방 사이의 관계는 나라와 나라 사이의 관계가 아닌 통일을 지향하는 과정에서 잠정적으로 형성되는 특수관계"라고 규정하고 있으며, 2005년 12월 남한이 제정한 「남북관계 발전에 관한 법률」 제3조도 이 「남북기본합의서」 내용을 그대로 옮겨놓고는 곧 이어 "남한과 북한 간의 거래는 국가 간의 거래가 아닌 민족 내부의 거래로 본다"고 명시하고 있다. 여기서 분명한 것은 남북관계는 우리가 흔히 보는 국제관계에서의 국가 대 국가 간의 일반적 관계가 아니라, 두 국가로 나눠진 한 민족이 재통일을 지향하는 과정에 부득이하게 형성된 잠정적인 민족 내부의 특수관계라는 사실이다.

이 '남북기본합의서'는 남북이 서로를 국가로 인정하지 않던 적대시기나 냉전시기와는 달리, 같은 민족이지만 체제가 서로 다른 국가라는 현실을 기존사실로 인정한 점에서 이후 남북관계 발전에 지속적인 영향을 미친 획기적인 합의서였다. 이로써 '1민족 2국가'라는 남북관계의 이중성이 국가적 차원에서 공인된 셈이다. 이것이 또한 통일담론이 2중 패러다임을 띠게 된 역사적 배경이자 연원인 것이다.

2. 2중 패러다임의 개념

앞에서 지적한 바와 같이 한반도의 통일담론을 규제하는 패러다임이 국가중심패러다임과 민족중심패러다임의 2중성을 띠게 된 것은 한반도 분단이 '1민족 2국가'라는 특수한 성격을 지니지 않을 수 없는 역사적 및 현실적 당위성에서 비롯된 것이다. 따라서 이러한 당위성에 관한 불편부당한 이해가 전제되어야 통일담론의 패러다임을 제대로 파악하고 효율적으로 활용할 수가 있는 것이다.

그러나 그동안 분단의 현실 속에서 '국가 지향의 가치'와 '민족 지향의 가치' 간에 벌어진 끊임없는 경쟁과 대립, 갈등 관계에만 익숙해 온 일부 논자들은 통일담론의 2중 패러다임도 의례 이러한 관계를 벗어날 수 없을 것이라는 교조주의적인 선입견에 사로잡혀 통일담론의 2중 패러다임성을 불신하고, 일방적인 '국가 지향의 가치'나 '국가 우선주의적 시각'에만 경도되어 왔다. 이에 반해 '민족 지향의 가치'나 '민족 우선주의적 시각'을 추구해 온 민족주의세력은 통일담론의 2중 패러다임성을 인정하고 그 균형적 적용을 주장해 왔다. 그 결과 이 두 패러다임 간의 관계는 많은 경우 서로가 대립하고 갈등하는 양극화 현상을 보여 왔다.

통일담론의 2중 패러다임을 이렇게 경쟁과 대립, 갈등과 양극화로 치부하는 주장은 통일담론의 2중 패러다임의 기본개념에 관한 다음과 같은 몇 가지 오해나 무지의 소치로밖에 달리 해석할 수 없다.

첫째로, 국가중심패러다임의 지향점을 오로지 국가 대 국가의 일방적 제압이나 흡수로 오해하고 있다. 남한에서의 이러한 '흡수통일' 주장은 분단(국가 분립) 이후 냉전시대가 종식될 때까지 약 40년 동안 흡수통일론자들에 의해 구상되고 고집되어 왔다. 그렇지만 그러한 구상은 태생적으로 일종의 망상이었기 때문에 애당초 실현될 수가 없었음은 물론, 그 후 오늘에 이르기까지의 30여 년 동안 지속되고 있는 탈냉전시대에 와서 그러한 과대망상은 거의나 역사의 뒤안길로 사라지고 말았다.

둘째로, 민족중심패러다임의 목표를 민족공동체의 복원에만 맞추고 있는 것은 얼핏 보면 그럴싸한 발상이지만, 자세히 따져보면, 미시적 단견(短見)임이 분명하다. 왜냐하면, 민족중심패러다임이 지향하는 거시적 목적은 화해와 협력을 통해 실종되었거나 균열이 생긴 민족공동체를 원상 복원하는데 만 그치는 것이 아니라, 시대적 요구에 걸맞게 민족공동체를 더욱더 공고히 하고 발전시킴으로써 그것을 발판으로 하여 종국적으로는 민족의 자주통일 국가를 건설하는 것이기 때문이다. 따라서 민족공동체 의식은 통일 이후에도 장기간 민족통일국가의 융성발전을 위한 필수불가결의 요인으로 작동하게 될 것이다.

셋째로, 통일담론의 2중 패러다임을 서로가 무관한 별개의 고립적 패러다임으로 보는 착시(錯視)다. 원래 통일담론의 전개과정에서 국가중심패러다임과 민족중심패러다임은 분립(分立)된 필마단기(匹馬單騎)가 아니라, 한 채의 수레가 잘 굴러가도록 좌우에 가쯘히 달린 두 개의 바퀴와 같다. 결코 하나는 '흡수'하는 악종(惡種)이고, 다른 하나는 '상조'하는 선종(善種)이라는 선악 개념이 아니다. 사실은 국가중심패러다임마저도 원래부터가 악종의 인자(因子)를 자연배태(自然胚胎)한 것이 아니라, 인간의 무모한 작위(作爲)에 의해 일시 범한 일탈에 불과한 것이다. 운영의 묘에 따라 다 같이 선종이 될 수도 있고, 악종이 될 수도 있다. 국가중심패러다임에 의해 국가가 통일담론을 민족통일에 유리하도록 긍정적으로 선도하고 건설적으로 지원한다면, 민족중심패러다임은 보다 유력하고 유효한 패러다임으로 활성화되어 부과된 기능과 소임을 다 잘 수행하게 될 것이다. 반대의 경우도 마찬가지다. 이것이 바로 두 패러다임 간의 바람직한 변증법적 보완관계인 것이다.

끝으로, 패러다임에 대한 종합적 운영의 부재다. 통일담론은 그 자체가 시공을 넘어 광범위하기 때문에 그것을 기제하는 패러다임도 역시 광범위하고 종합적인 내용을 아울러야 한다. 특히 분단 한반도와 같이 '2국가 체제'가 엄존하는 상황에서 공식회담이나 상호교류를 위해 국가가 책임지고 나서서 해야 할 사업이 다종다양하며, 민족공동체의 복원에 의한 통일의 달성을 위해 범민족적으로 수행해야 할 일이 또한 비일비재다. 예컨대, 작금 남북 쌍방 간에 근접해가고 있는 통일 3단계론(화해협력 → 남북연합 → 통일국가)의 실현과정이나 평화프로세스의 추진은 그 어느 것 하나도 국가의 개입이나 민족의 동참 없이 성사되기란 도시 불가능한 것이다. 지금까지는 2중 패러다임 자체와 그 관계에 관한 여러 가지 오해와 착각, 착시로 인해 분단사와 통일담론에서 국가중심패러다임이 절대적 우세를 점하고, 민족중심패러다임은 상대적으로 지지부진하는 종합적 운영에서의 기형(畸形)을 보여 왔다.

이상과 같이 한반도의 통일담론을 이끌어가는 2중 패러다임에 관한 나름대로의 평가에 바탕해 그 개념 정립을 다음과 같이 시도해본다.

1) '1민족 2체제'라는 한반도 분단 현실의 특수성을 감안해 통일담론의 패러다임 범주를 담론의 내용과 간여 주체에 따라 국가중심패러다임과 민족중심패러다임으로 대별한다.

2) 국가가 운영 주체인 국가중심패러다임은 국가(체제) 간의 대립과 갈등을 조장하는 일방적인 '흡수론'을 지양하고, 상호 신뢰와 호혜에 기초한 협력과 상호 불간섭, 민족 공동의 국제적 위상 선양 등 자주적 통일국가 건설에 필요한 긍정적이며 건설적인 내용들을 그 구성요소로 한다.

3) 민족이 운영 주체인 민족중심패러다임은 민족주권의 수호, 민족연대성의 강화, 민족 전통의 계승, 민족 동질성의 복원, 다민족시대에 상응하는 민족공동체의 재건 등 민족통일국가 건설의 기반이 되는 내용들을 그 구성요소로 한다.

4) 국가중심패러다임과 민족중심패러다임은 분단으로부터 통일에 이르는 전 과정에서 항시적으로 작동되는 통일담론의 2대 상수(常數) 패러다임으로서 운영에서는 통일환경의 변화에 따라 용도나 의존도의 선후(先後)나 비중에서 선별적 차이는 있어도, 전횡이나 배척, 우열의 차별은 불허되며 상호보완적으로 병용(竝用)된다.

5) 통일담론의 2중 패러다임은 어떠한 경우에도 민족주의의 근본속

성인 연대의식과 민족수호 의지 및 발전지향성을 확고한 철학적 기조와 행동준칙으로 삼고, 통일담론을 균형 있게 이끌어간다.

3. 2중 패러다임의 효용(效用)

한반도의 통일담론사에서 국가중심패러다임과 민족중심패러다임은 항시 그 위상과 기능이 고정불변하게 양립해 온 것이 아니라, 정세 특히 구심적 통일기운의 기복(起伏)과 원심적 국제관계의 변화에 따라 엇바뀌거나 팽팽히 맞서는 등 일련의 우여곡절을 겪어 왔다. 그러나 70여 년 분단사의 큰 맥락에서 보면, 그 우여곡절은 1980년대 중반에 일어난 민주화운동과 통일운동, 그리고 국제적인 탈냉전시대의 도래를 계기로 일대 변곡점(變曲點)을 맞아 내용과 형식에서 질적 변화를 거쳐 왔다.

분단사의 전반(前半)에 해당한 40여 년간(이승만 정부 → 전두환 정부) 통일담론을 풍미해 오던 국가중심패러다임은 점차 기가 꺾이면서 민족중심패러다임으로 대체되기 시작하였다. 그렇다고 그 후 오늘날에 이르기까지의 30여 년 동안(노태우 정부 → 문재인 정부) 이어온 통일담론이 민족중심패러다임 일색으로 변모된 것은 아니고, 양자는 여전히 공존하면서 줄곧 확장성과 흡입력을 지향하는 대립과 긴장관계를 음으로 양으로 유지해 왔다. 때로는 국가권력자들의 성향에 따라 국가중심패러다임이 구태의연한 독선을 부릴 때도 있었다.

이 대목에서 한 가지 특기할 것은 앞에서도 지적하다시피, 통일담론에서의 민족중심패러다임은 물론이거니와 국가중심패러다임도 그 철학적 기조는 일괄해 민족주의일 수밖에 없었다는 사실이다. 그런데 지금까지의 연구상황을 훑어보면, 다수가 국가 대 국가의 사회학적 패러다임에 주안점을 두고, 소수만이 민족 내부의 인문학적 패러다임에 착안하기 시작하였음을 알 수 있다. 그런데 이 소수마저도 민족주의 시각에서 패러다임의 철학적 기조를 논급한 예는 거의나 없다. 그러다 보니 '민족중심패러다임'은 냉철한 논리적(철학적) 구조나 안받침이 결여된 '감상적' 구두선(口頭禪)쯤으로 치부되기가 일쑤였다. 바로 이 때문에 필자는 이렇게 개창적으로 '통일담론의 패러다임'을 「민족주의적 통일담론」의 한 논제로 끌어내어 그 개진을 시도하게 된 것이다.

지난 분단사의 경험은 통일담론에서 채택되는 패러다임이 '국가중심'인가, 아니면 '민족중심'인가 하는 논제가 통일의 당위성과 그 과정 및 성격을 규제하는 데서 중요한 문제의 하나로 제기되었음을 여실히 보여주고 있다. 만일 이 두 패러다임을 서로 대치되는 개념으로 착각해 '국가중심'으로 일변도시(一邊倒視)할 경우에는 모순과 충돌의 소지가 있지만, 이와는 달리 일변도시가 아닌 균형 잡힌 관계를 유지하면서 유기적으로 결합시켜 활용한다면 상부상조적 보완 속에 2중 패러다임은 통일담론을 진전시키는 체제와 틀로서 십분 효용될 수 있는 것이다.

한반도와 같이 '1민족 2체제'가 대내외적으로 공식 인정된 이상, 남북 두 나라 간의 통일문제에 국가권력이 간여하여 소정의 기능을 행사하는 것은 불가피한 일이다. 예컨대, 작금 남북 간에 근접성을 보이고 있는 통일 3단계론에서 첫 단계인 화해협력단계와 셋째 단계인 통일국가단계는 각각 민족중심패러다임적인 민족성과 국가중심패러다임적인 국가성이 조화를 이루게 될 것이며, 둘째 단계인 남북연방단계는 민족성과 국가성의 혼성(混性) 속에 소기의 통일단계를 원만히 마치고 드디어 통일국가의 건설단계로 진입하게 될 것이다. 문제는 편단(偏斷) 없이 민족성과 국가성을 유기적으로 잘 결합하여 통일담론의 효용을 극대화하는 것이다.

IV. 민족주의적 합의통일

분단국의 통일은 거역할 수 없는 역사적 당위이며 분단민족의 절박한 시대적 요청이다. 그것은 통일이야말로 분단의 고통과 부담에서 벗어나 인간의 기본권과 사회적 정의가 보장되는 새로운 민족공동체 속에서 질 높은 삶을 영위할 수 있게 하기 때문이다. 그리하여 냉전시대에 분단의 고통을 강요당해왔던 베트남과 독일, 예멘 등 몇몇 나라들은 냉전시대의 종언을 계기로 분연히 일어나 분단의 멍에를 벗어던지고 통일의 숙원을 이루어냈다.

그러나 그 과정은 결코 순탄치 않았을 뿐만 아니라, 오랜 기한이 걸렸으며, 많은 문제점들을 드러냈다. 특히 통일을 달성한 후 그 성과를 다지면서 체제의 완전 한 통합을 실현하는 과정에서 예기치 못한 많은 문제들이 발생하여 좌왕우왕하거나 어렵사리 이루어놓은 통일성과를 의심하는 회의론까지 나타났다. 급기야 통일 과정이나 형식에 관한 성찰과 연구의 필요성이 제기되었다.

현대사의 마지막 분단지역인 한반도의 경우, 지난 70여 년 간 그 어느 분단국보다도 심한 우여곡절 속에 통일을 위한 각고의 노력을 기울여 왔으며, 통일담론에도 부심하여 왔다. 그리고 시대의 흐름에 상응한 각종 통일정책과 통일방안도 제시하였다. 아울러 베트남이나 독일, 예멘 같은 선행 통일국들이 겪어야 했던 통일행적에서의 불행한 전철을 밟지 말아야 할 귀중한 경험과 교훈도 찾아보게 되었다.

1. 통일론의 진화와 '진화통일론'

20세기 냉전시대에 분단국들은 대체로 통일이 어느 순간 '열전(熱戰)'의 기운을 타고 갑작스레 도래할 것이라는 단견(短見)의 유혹 속에 분단을 대결과 갈등의 화신으로 간주하고, 상대방을 압승하는 전쟁이나 흡수통일 방식으로 통일을 이루는 그날까지 만을 필히 거쳐야 할 통일과정으로 인식하고 있었다. 그리고 일단 이 '짧은' 과정이 끝나면 통일과업은 완수될 것이라는 낙관에 부풀기도 하였다. 그러나 이러한 인식이나 낙관과는 달리 바라던 '통일과정'이 끝나도 분단에서 비롯된 전래의 고통이 일시에 치유되지 않는데다가 분단 주체들이 처했던 체제의 다름으로 인해 새로운 사회문제들이 속출하였다. 이러한 고통과 사회문제는 오로지 통일 후 국가체제를 하나로 통합할 때만이 해결 가능함으로 통일의 후속과정으로서의 체제통합과정이 필수불가결의 절박한 과제로 제시되었다.

따라서 통일과정은 분단으로부터 통일까지 이어지는 과정일 뿐만 아니라, 통일 이후 두 체제를 합치는 과정, 즉 통합과정까지를 통틀어 통일과정으로 정립해야 한다는 주장이 대두되었으며, 분단 극복국들의 현실이 그 절박성과 정당성을 실증하고 있다. 이렇게 통일론(학)이 이른바 '민족통일론'으로부터 '체제통합론'으로 진화(進化)하면서 '통합'이나 '체제통합론' 같은 새로운 개념이 창출되었으며, 점진적 통일과정의 중요성이 강조되었다.

현대의 국제정치에서 통합(統合, unity)이란 개념은 제2차 세계대전이 종료된 후 서유럽에서 출현하였다. 1945년 대전이 끝나자 미국과 소련을 중심으로 한 동서 양 진영 간에 체제와 이념의 차이에 따라 냉전이 격화되면서 서유럽국가들은 군사적으로 미국을 중심으로 한 북대서양조약기구(NATO)를 결성하고, 경제적으로는 1952년 석탄과 강철이라는 제한된 분야에서 공동체(ECSC)를 결성한데 이어 정치, 경제, 사회 분야로 점차 폭을 넓히면서 통합을 지속해 왔다. 이렇듯 애초 유럽에서의 통합은 서로 다른 민족과 국가 간에 전후 경제부

흥이라는 공동목표를 실현하기 위해 이루어진 다국가 간의 결합이다. 이것은 한 민족이 두 체제 또는 두 국가로 분리되었다가 다시 결합하는 통일과는 개념상 다르다.

비록 이러한 다른 점이 있지만, 1990년대에 들어서면서 통일을 달성했다고 자부하던 분단국 독일과 예멘에서는 여전히 남아있는 상이한 두 체제 간의 갈등으로 인해 예상 밖의 많은 사회문제가 돌출해 완전통일의 발목을 잡게 되자 통합에 의한 체제의 단일화문제가 급선무로 떠올랐다. 그리하여 갈라진 두 체제를 하나로 결합하는 통합이론을 통일론에 대입하기 시작하였으며, 체험을 통해 이질화된 두 체제를 효과적으로 통합하는 것이 통일국가가 장기적으로 안전하게 생존하고 번영을 누릴 수 있으며 궁극적으로 완전통일을 달성할 수 있는 바탕이 된다는 사실을 깨닫게 되었다.

이와 같은 통일론의 진화과정에서 통합과 통일(unification)의 차이점이 점차 명확하게 드러났다. 대체로 통합은 국가를 단위로 하여 이루어지지만 통일은 민족을 단위로 하여 달성된다. 통합은 어떤 공동이익의 추구를 목표로 하지만, 통일은 민족적 일체감이란 당위성을 기조로 한다. 통합은 그 주체들이 정치 경제 군사의 여러 가지 형태들의 단계적이고 점진적인 진행과정을 중시하는 '과정적 움직임의 총합(總合)'이지만, 통일은 결과적으로 어떤 상태가 되었는가에 초점을 맞추는 '특정한 목표 지향의 완료 상황'이므로 합의통일을 제외한 무력통일이나 흡수통일의 경우 주체들의 의지와는 무관하게 급진적으로 이루어지는 것이 상례다.

이와 같이 통일론의 진화과정에서 통일의 점진론과 더불어 통일과 통합의 관계문제가 해명되었을 뿐만 아니라, 통일의 형식문제도 새삼스레 부각되었다. 그간 분단국들이 도입한 통일 형식(부류)을 통관하면, 대체로 무력(전쟁)통일과 흡수통일, 합의통일의 3가지 유형으로 분류해 볼 수 있다. 베트남의 통일은 남부(자본주의)에 대한 북부(사회주의)의 무력(전쟁)통일에 의한 흡수통일 형식을 취했다는 데는 의문의 여지가 없다.

그러나 독일과 예멘의 통일 형식에 관해서는 왈가왈부 논의가 분분하다. 독일 통일의 경우, 서독(자본주의)이 국제환경의 변화와 체제의 구조적 결함에 의해 붕괴된 동독(사회주의)에 대한 평화적 흡수통일이란 것이 중론이지만, 통일의 결속만은 양 독일의 합의에 의해 이루어졌다는 이른바 '흡수-합의 혼합식'이라는 주장도 있다. 예멘 통일의 경우는 더욱 복잡한데, 1차 통일(1990)은 북부(자본주의)와 남부(사회주의)의 평화적 합의통일(일명 '준 합의의 비례대표 유형')이나, 2차 통일(1994)은 통일체제에 내재하던 문제가 내적으로 비화되자 결국 북부에 의한 무력통일로 오늘날까지 지속되고 있다.

이러한 형식 분류와는 별도로 일각에서는 통일을 주도한 주체를 기준으로 한 유형화를 제의하기도 한다. 독일은 동독 국민들이 자국 체제를 부정하고 총선을 통해 서독에 편입된 아래로부터의 통일이라면, 예멘의 합의통일은 정치 엘리트들에 의해 주도된 위로부터의 통일이라는 것이다.

　이상에서 고찰한 바와 같이, 냉전시대의 통념으로는 주로 상대방을 압승하는 전쟁이나 흡수통일 방식으로 통일을 이루는 그날까지를 통일과정으로 인식하고 그날이 되면 통일과업은 완수될 것이라고 낙관하였다. 그러나 통일 후의 독일이나 예멘의 현실은 이러한 인식이나 낙관과는 너무나 다르게 펼쳐지고 있다. 장기간의 분단에서 비롯된 고통이 채 가시기도 전에 체제의 다름으로 인해 많은 사회문제가 속출하고 있다.

　문제는 여기까지가 완전통일의 과정이 아니라는 데 있다. 기대했던 완전통일까지는 갈 길이 멀고 단계적으로 점진적으로 수행해야 할 새로운 과제들이 산적해 있다. 이 새로운 과제들을 종래의 미시적인 불완전 통일론으로는 담아낼 수가 없다. 오직 완전통일까지의 과제들을 구사하고 그 해결을 인도할 수 있는 진화된 새로운 거시적 완전 통일론만이 감당할 수 있다. 그 통일론이 바로 '진화통일론'이다. '진화통일론'이란 한 마디로 종래의 불완전 통일론을 완전 통일론으로 진화 발전시킨 통일론이다. 완전통일을 실현하는 과정에서 발생한 통일의 편익을 최대한 효율적으로 누리고 이용하면서 '진화통일론'에 의해 수행되어야 할 주요 국가적 과제는 다음과 같다.

　1) 체제통합을 비롯한 사회 전반의 화합
　2) 민족공동체의 정체성 복원과 전통의식의 함양
　3) 1민족, 1체제, 1정부의 통일국가 건설과 운영

4) 통일담론의 철학적 기조와 2중 패러다임 고수

5) 통일국가의 자주성 수호와 위상 제고

2. 한반도의 민족주의적 합의통일

선행한 분단국들이 체험한 분단과정이나 채택한 통일형식은 아직까지 이루지 못한 통일을 지향해 매진하고 있는 분단 한반도에게는 귀감으로서의 값진 경험과 교훈을 넘겨주고 있다. 그렇지만 다른 길을 걸어온 70여년의 한반도 분단사는 특이하게도 3년간의 참담한 무력통일의 상잔(相殘)과 30~40년간의 적의(敵意)에 찬 흡수통일의 악몽, 20여 년간의 비교적 유연한 합의통일의 시도를 마냥 한 폭의 역사적 파노라마처럼 복기(復碁)하고 있다. 이제 이러한 희생과 갈등, 고통을 함께 겪고 난 남북한 통일 주체들은 한결같이 전쟁이나 흡수가 아닌, 합의 통일만이 민족의 살길이라는 것을 깨닫고 있다.

이러한 깨달음의 공유에도 불구하고 아직까지 합의통일이 이루어지지 못한 주원인은 통일과정과 통일국가의 체제에 대한 남북한의 상이한 견해나 불신 때문이다. 남한이 화해 협력과 국가연합, 완전통일의 점진적 3단계론을 주장하는데 반해 북한은 다른 거추장스러운 절차나 과정을 거치지 않고 급진적인 방식으로 1국가 내에 2체제를 존속시키면서 연방국가를 건설하는 것이 통일의 완성이라고 주장한다. 보다시피, 통일과정에서 남북한은 제도적 통합이론인 '연합

(union)'과 '연방(federation)'이라는 서로 다른 체제통합의 기본개념을 놓고 엇갈린 주장을 펴고 있다. 이것이 바로 합의통일을 이루는 데서의 근본적인 걸림돌이다.

이 걸림돌을 제거하기 위해 남북한은 갑론을박을 거듭하던 끝에 '연합'은 '낮은 단계의 연방'이라는 국제법 사전에도 없는 '어정쩡한' 타협안(2000년 6.15공동선언)에 접근을 보았다. 그러나 구체적인 실행방도에 있어서는 여전히 서로가 견해의 다름을 노정하고 있다. 그리하여 이 걸림돌의 본질과 개념을 정확히 파악하고, 그 제거방도를 찾아내는 것은 합의통일에 이르는 지름길인 것이다.

국가연합은 둘 이상의 주권국가들이 국가의 자격을 보유한 채 국제법상의 평등을 기조로, 공동의 이익을 위해 조약에 따라 결합하고, 조약에 규정된 범위 내에서 결성된 공동기관이 국가와 같은 기능을 행사하는 국가들 간의 결합형태. 법적으로 해석하면, 국가연합은 복수의 국가가 개별적인 국제적 인격(international personality)을 유지하면서 특정 권한을 보유하는 연합(공동)기구의 관할 하에 새로운 법적 실체(juridical entity)를 구성하는 국가의 결합형태다. 역사상 대표적인 사례로는 프로방스연합(1579~1789), 북미국가연합(1781~1787), 스위스연합(1815~1848), 게르만연합(1815~1866), 북부독일연합(1867~1871), 유럽연합, 독립국가연합 등이 있다.

남한은 3단계 통일론에서 둘째 단계인 국가연합 단계를 거쳐 완전통일을 달성할 것을 주장하지만, 북한은 일관하게 연합단계를 뛰어넘은 연방국가로 체제통합을 이루려고 한다. 북한은 일찍이 1960년대 초에 연합제와 크게 다를 바 없는 남북연방제 방안을 제시한 후 보완하여 1980년의 '고려민주연방공화국 창립방안'에서 비교적 완벽한 연방제안의 내용을 선보였다. 그 내용은 오늘날 지구상에 있는 20여개의 연방제 국가가 실행하고 있는 내용과 대동소이한 공통개념을 갖고 있다.

연방국가는 국가연합과는 다르게 그 결합이 긴밀하여 구성정부들은 국제법상 국가로서의 자격을 잃게 되며 연방국가만이 국가의 자율성과 독자성을 보유한다. 연방국가를 구성하는 구성정부들은 각자의 지역과 주민들에 대하여 보유하고 있던 주권을 포기하고 구성정부 전체를 아우르는 영토와 주민에 대해서 주권을 행사하는 연방 중앙정부를 구성함으로써 연방국가가 성립된다. 연방정부와 구성정부들 간에는 양자 간 결합 계약을 구체적으로 명시한 성문의 연방헌법이 존재한다. 이 성문헌법이 명시해야 할 가장 중요한 내용은 연방정부와 구성정부들이 어떻게 권력을 배분하여 공유하는가 하는 것이다. 연방국가는 그 자체가 국제법상 권리능력과 행위능력을 갖는 주권국가로서 국제법 주체이며 구성정부들은 내부적으로는 국가적 성격을 띠지만 대외적으로는 국가로서의 법인격을 갖지는 못한다. 오늘날 지구상에는 인도, 말레이시아, 스위스, 오스트리아, 멕시코, 브라질, 나이지리아, 카메룬 등 20여개의 연방국가가 존재한다.

역사적으로 연합과 연방의 두 개념은 밀접히 연결되어 있다. 미국은 1781년부터 연방헌법을 채택한 1789년까지 국가연합의 형태로 존재하였고, 스위스는 1848년 연방헌법을 채택하기까지 1815년부터 국가연합으로 존재하였으며, 독일은 1815년부터 비스마르크의 통일에 이르기까지 국가연합의 형태를 택하였다. 이와 같이 역사적으로 볼 때, 분단된 나라들의 재결합 형태가 연합에서 연방으로의 발전하는 경우가 많았다는 것은 두 형태가 하나의 연속선상에 있었다가 어느 지점에 이르러 조건이 성숙되면 자연히 연방제란 한 접점으로 모여진다는 것을 시사해준다. 요컨대, 통합과정에서 연합과 연방 사이에는 상당한 공통점과 밀접한 연관성이 있다. 물론 차이점도 있다. 그렇다고 해서 남북한 간에 이러한 차이점을 두고 수십 년간 입씨름을 벌이는 것은 역사의 거울에 비춰보면 상식 밖의 일이 아닐 수 없다.

이 대목에서 한 가지 주목할 것은 1960년대부터 북한이 주장하는 연방국가안은 정세의 변화에 따라 대체로 10년을 주기로 진화되어 왔다는 사실이다. 그 구체적 과정을 보면, 남북한의 자유 총선거를 통해 조직된 최고민족위원회가 주로 남북한의 경제 문화 발전을 조정하는 '남북조선의 연방제'(1960.8.15. 느슨한 연합) → 제 정당 및 사회단체 대표로 조직된 대민족회에서 탄생한 연방정부가 국가주권에 해당한 군사권(국방의 단일화)과 외교권(대외활동의 유일적 전개)을 행사하는 단일 국호에 의한 1국가 체제의 '고려연방제'(1973.6.23.) → 상이한 사상과 제도를 인정하고, 남북 동수의 대표로 연방국가의 통일정부인 '최고민족연방회의'를 구성하고 그 안에 '연방상설위원회'를 조직해 남북의 지역정부들을 지도하며 정치·외교·군사 등 연방국가의 전반적 사업을 관장하는 '고려민주연방공화국 창립방안'(1980.10.10.) → 남북 간의 자유내왕과 전면개방을 실현하며 통일대화를 전개하는 등 연방제 통일을 급진적 방향에서 '점차적으로 완성'하여야 한다는 선언 발표(1991.1.1.) → '남측의 '연합제안과 북측의 낮은 단계의 연방제안이 서로 공통성이 있다고 인정'함으로써 연합과 연방 간의 계승성을 확인한 '남북공동선언'(2000.6.15.) 등으로, 비록 진폭은 제한적이지만 분명 변화해 왔다.

변화로 말하면 남한의 통일방안에서도 그 흔적을 찾아볼 수 있다. 그 변화과정을 살펴보면, 첫 공식 방안은 전두환 정부의 '민족화합민주통일방안'(1982.1.22.)으로 통일헌법을 제정하고 남북총선거를 거쳐 '통일민주공화국'을 완성한다는 '선평화 후통일' 안이며, 이어 노태우 정부가 제시한 '한민족공동체통일방안'(1989.9.11.)에서 통일과정은 남북 간의 교류 협력을 활성화하고 정상회담에서 민족공동체 헌장을 채택해 '남북연합'(연합 첫 제기)을 실현하며, 연합 후 조건이 조성되어 채택된 통일헌법에 의해 결성된 단일국가로 통일을 완성하는 것이다. 여기서 한 가지 주목되는 것은 7.4공동성명에서 통일의 3대 원칙으로 제시된 자주·평화·민족대단결 중 '민족대단결'을 '민주'로 대체한 점이다. 뒤를 이은 김영삼 정부는 노태우 정부의 통일방안을 진일보 구체화하여 제시한 '민족공동체 건설을 위한 3단계 통일방안'(1994)에서 통일과정은 기존의 통일 3대 원칙과 자유민주주의의 기본철학을 바탕으로 화해 협력과 남북연합, 통일국가 완성의 3단계를 거쳐 1민족, 1국가, 1체제, 1정부의 통일국가를 완성해야 한다는 통일의 3단계론을 주장하였는데, 이는 흡수통일론의 잔영(殘影, 기본철학은 자유민주주의)으로서 애당초 남북 간의 합의가 불가하다는 여론을 야기시켰다.

한편, 김대중 대통령은 1970년대부터 통일담론에 적극 동참해 '3단계통일방안'을 비롯한 일련의 통일방안을 제시하였는데, 그가 주장한 통일의 대원칙은 자주와 평화, 민주이고, 통일과정은 3단계, 즉 1단계는 '남북공화국연합단계'(남북연합)로 주 임무는 평화공존·평화교류·평화통일의 3대 행동강령을 실현하는 것이며, 그 실현을 위한 6대 과제는 ① 남북 간에 화해와 협력을 통한 신뢰 구축, ② 남북 간 군사적 신뢰 구축하고 군사적 균형으로 평화공존 실현, ③ 민족경제공동체의 건설, ④ 민족적 일체감을 조성하기 위한 교류와 협력의 강화, ⑤ 통일에 대비한 남북 법규의 정비, ⑥ 평화통일에 유리한 국제환경의 조성 등으로 연합기간은 약 10년간이다. 2단계에는 연방제 단계로 1연방국가, 1체제, 2지역자치정부를 구성하고, 통일헌법에 따라 통일대통령을 선출하며, 연방의회를 구성하는 것인데, 이는 '충격완화'와 '특화관리'를 위한 필수적인 과도단계다. 3단계는 중앙집권적 단일 정부가 통치하는 완전 단일화 통일의 단계로서 1민족 1국가 1체제 1정부의 체제통합이 종국적으로 실현된 단계다.

그런데 일반적으로 김대중 정부의 '통일3단계론'은 화해 협력(첫 단계)으로부터 시작해 국가연합단계(2단계)를 거쳐 완전통일(3단계)에 이르는 3단계론으로 알고 있는데, 김 대통령이 평양에서 김정일 위원장과 함께 직접 서명한 '6.15남북공동선언'에서는 '남측의 연합제안과 북측의 낮은 단계의 연방제안이 서로 공통성이 있다'고 명시함으로써 김 대통령의 '통일3단계론'에 관해서는 그 단계분법과 단계별 내용의 이해에서 혼동의 여지를 남겨놓고 있다. 이와 같이 남한의 통일과정론, 특히 연합과 연방의 체제결합론에서 비록 큰 틀에서의 이변은 없으나, 구체적 면에서는 적잖은 변화가 있었음도 분명하다.

그렇다면 남북의 체제결합론에서는 왜 이러한 변화가 공히 일어났을까? 그것은 서로가 대치 속에서도 상생적(相生的) 접점을 찾으려는 시도에서 비롯된 현상이다. 그 상생적 접점은 다음과 같은 몇 가지에서 나타나고 있다.

1) **체제의 결합** 복수의 국가나 민족이 통일과정에서 공통된 목표와 이익을 위해 다 같이 기존의 국가체제를 포기하고 새로운 연합이나 연방 형태의 체제로 결합한다.

2) **구성원들의 공유성** 연합이나 연방 같은 국가체제는 법적 지위나 권한행사 등에서는 상이하지만, 구성원(정부와 개인)들의 역사문화적 전통이나, 지리적 환경과 접경성(接界性), 지정학적 공익성(公益性), 경제적 여건, 그리고 언어나 관습 등에서 공유성(공통성)이나 상관성을 구비하고 있으며, 이러한 공유성이나 상관성에

바탕해 체제 결합의 형태나 범위를 선택하는 것이 상례다.

3) **연계성** 일반적으로 체제결합 과정에서의 연합과 연방 간의 관계를 하위개념(연합)과 상위개념(연방)으로 분간하면서도 계승이라는 개념에서는 그 밀접한 연계성을 인정한다. 역사에서 보면, 연합제 국가가 연방제 국가로 계승된 경우가 대부분이다. 그러나 그와 반대되는 경우도 간혹 있는데, 오늘날의 독립국가연합이 그 대표적 일례다. 냉전체제의 붕괴와 더불어 해체된 소비에트연방(구소련)의 일부 후계국들로 독립국가연합이 구성되어 있다. 그리고 6.15남북공동선언에서 남한의 연합제와 북한이 낮은 단계의 연방제 간에는 서로 공통성이 있다고 명시한 것은 연합과 연방 간의 연계성을 시사한다.

4) **합의통일에 대한 공감** 남북한의 통일 주체들은 지난 70여년 분단사에서 얻은 절실한 경험을 교훈으로 삼아 앞으로 한반도의 통일은 전쟁이나 흡수에 의해서가 아니라, 남북한 간의 합의에 의해서만 이루어져야 한다는 깊은 공감대를 형성하고 있다. 이것은 체제결합문제에서의 오해나 불화를 해소할 수 있는 불가결의 전제인 것이다.

5) **민족주의철학에 대한 신념** 남북한의 권력자들이나 민중들은 전래의 정치중심적 기능주의 통일관에서 탈피해 민족공동체의 복원과 부흥이란 민족주의 본연의 통일철학을 신념으로 굳혀가기 시작하면서 합의통일, 평화통일의 길 모색에 함께 나서고 있다.

작금 남북한 간에 발표한 일련의 공동선언이나 성명, 합의문들은 이러한 시류를 여실히 반영하고 있다.

그나마도 통일담론, 특히 체제통합에서의 이러한 상생적(相生的) 접점이 가시화되고 있기에 우리는 통일의 전망에 대해 낙관하게 되는 것이다. 그러나 낙관은 뒷일이고, 당면하게는 합의통일의 성사에 심혈을 기울이고 뜻을 모아야 할 것이다. 그 첫 걸음으로 합의통일의 걸림돌이 되고 있는 체제결합문제에서의 상극적(相剋的) 쟁점들을 냉철하게 성찰하고 극복하는 것이다. 그 핵심은 남북한 쌍방이 각기 주장하는 연합과 연방의 대치점(對峙點)을 찾아내어 상극적 쟁점을 상생적 접점으로 승화시키는 것이다. 그러한 대치점으로는 다음과 같은 몇 가지를 들 수 있다.

1) 체제결합의 근거에서 국가연합은 구성국가들 간에 체결된 국제법인 조약이지만, 연방국가는 국제법인 연방국가의 헌법이다.
2) 국제법의 주체에서 국가연합은 그 자체가 아닌 구성국들만이 국제법의 주체가 될 수 있기 때문에 구성국들은 제3국과 별개의 국가 단위로 외교관계를 설정하고 국제기구에 가입하며 조약을 체결할 수 있다. 그러나 구성정부들을 거느리고 있는 연방국가는 그 자체가 국제법상의 주체이고, 구성정부들은 주체가 될 수 없다.
3) 권력행사에서 국가연합은 구성국들에 대해서만 권력을 행사할 뿐이며, 국민들에게 직접 적용되는 법을 제정할 권한을 갖지 못

함으로써 주로 지역의 법질서나 복지·후생·보건·교육 등 제한된 관할 사항에 대해서만 권한을 행사한다. 이에 반해 연방국가는 구성정부들의 국민을 직접 통치하는 중앙권력기관이기 때문에 외교나 국방, 국적에 관한 사항은 물론, 경제사항 특히 관세나 통화에 관한 권한도 행사한다.

4) 국적에서 연합국가의 국민은 구성국가의 국적만을 소유하지만, 연방국가에서의 구성정부들의 국민은 연방 공통의 국적을 가지며, 연방국가는 그들에 대한 국가의 외교적 보호권을 행사한다.

5) 대외적 통치권 행사에서 연합국가는 구성국가들이 대외적 통치권을 행사하지만, 연방국가에서는 전쟁 선언이나 강화(講和), 외교사절의 파견, 조약 체결 등 대외적 통치권은 연방국가가 보유하며, 구성정부들은 그러한 통치권은 갖지 못한다.

6) 통치기구 구성에서 연합국가는 구성국들 대표들로 합의체인 공동기구를 구성하는데, 이 공동기구의 모든 의사(議事)는 구성국들의 만장일치로 결정한다. 그러나 연방국가의 경우 중앙통치기구는 연방국가의 헌법 규정에 따라 구성한다.

7) 군사력의 보유에서 연합국가는 그 구성국가들이 자체 군사력을 보유하는 것을 허용하고, 구성국들 간의 무력충돌은 전쟁으로 간주하며, 한 구성국이 구성국이 아닌 제3국과의 개전이 불가피할 때는 필요한 병력을 제공한다. 연방국가는 연방정부만이 자체 병력을 보유하고 구성정부들은 보유할 수 없다.

3. 통일의 편익(便益)

연합과 연방이라는 정치적 체제문제 말고도 통일 주체들의 의식구조에서 배회되고 있는 통일의 미래에 대한 회의론이나 부정론은 합의통일의 또 다른 잠재적 걸림돌이 되고 있다. 주로 당면한 남북한 간의 경제적 격차를 이유로 통일 미래에 대해 의심하거나 절망하며, 심지어 반대하는 현상이 일부 서민들이나 심지어 지식인들 속에서까지 일정한 파급력을 가지고 움트고 있는 것이 남한의 현실이다. 이것은 통일 미래에 대한 바른 인식의 결핍에서 비롯된 것이라고 사료된다. 이 내재적 걸림돌은 오로지 미래지향적인 통일의 편익(便益)문제에 대한 바른 인식의 공유에 의해서만 제거 가능할 것이다.

이 미래지향적인 인식은 다름 아닌 통일담론의 철학적 기조로서의 민족주의 속성인 발전지향성에서 발원(發源)되고 도모되는 것이다. 통일의 편익이란 "분단이 종식되고 통합이 이루어지는 과정에서 인구가 증가하고 '규모의 경제'를 실현할 수 있게 되고 수출경쟁력이 생기는 데서 오는 일련의 이득, 즉 통일됨으로써 얻어지는 가시적인 실리(實利)를 뜻한다. 1990년대 중반 남한에서는 '가난한' 북한과 통일이 되면 한국인들의 삶의 질이 크게 나빠질 것이라는 이른바 '통일비용론'이 대두되면서 '통일공포증'이 일기 시작하였다. 여기서의 '통일비용'이란, 통일된 뒤에 들어가는 투자비용을 말한다. 통일의 미래, 특히 통일의 편익에 관한 확실한 논의나 교육이 결여되다보니 이 '공포증'이 일파만파로 퍼진 결과 합일통일에 역행하는 후유증이 만만치 않다.

사실 이 논의는 일본이 악의적으로 지핀 화마(火魔)였다. 1992년 말 '일본장기신용은행'이 주제넘게도 남북한 통일비용을 예측하는 연구결과를 발표했는데, 그 액수는 통일 초 10년 동안 매해 한국 GDP(국내 총생산)의 15%쯤을 점하게 된다는 것이다. 이것은 당시 국가예산의 절반 정도가 되는 엄청난 액수다. 연구서 말미에 "한국 혼자의 힘만으로는 감당 못할 테니, 결국 일본이 도와줘야 할 것이다"라는 음흉한 흑심(黑心)을 드러냈다. 이 수치는 독일이 화폐통합과 부동산 처리에서 통일비용을 낭비한 실책(失策)을 분별없이 표본으로 삼은 데서 비롯된 부풀어진 통일비용, 즉 '통일비용 과다론'이다. 이 끔찍한 '과대론'에 한국 민심이 흉흉하기 시작하였고, 정부도 덩달아 당황하였다.

이에 겁을 먹은 한국의 통일 관련 기관에서는 여론에 밀려 경쟁적으로 통일비용 산출에 나섰다. 1993~2011년 사이에 개인이나 기관 28곳에 의뢰해 통일비용을 산출했는데, 그 수치는 천차만별로 종잡을 수가 없었다. 그 중 국회로부터 학술용역을 수주 받은 신창민 교수(중앙대학교 경영학과)가 제출한 장문의「통일비용과 분단비용」이란 연구보고서(2007)가 비교적 신빙성이 있는 것으로 정평이 나있다. 이 보고서는 "통일비용은 통일되는 날부터 10년 동안 매년 GDP의 6% 내지 6.9%가 소요될 것이다"라는 결론을 내리고 있다. GDP가 약

1조 달러이므로 그 6% 내지 6.9%는 약 600억 내지 690억 달러로 환산된다.

그런데 통일이 되면 국방비는 많이 삭감될 것이며, 통일준비기금 같은 부대비용은 더 이상 필요 없게 된다. 이러한 사정은 남북한이 마찬가지가 된다. 그러므로 남한을 기준으로 할 때, 통일비용에서 불필요한 연간 국방비 약 25조원(GDP의 2.5%, 국가예산의 8~9%)과 통일준비금 등을 뺀데다가 연평균 11.25%의 경제성장률을 더하면 연간 순통일비용은 약 20조원(200억 달러, GDP의 2%)이 소요되는 셈이다.

신 교수는 이러한 계산에 기초해 통일이 되면 통일비용보다 훨씬 큰 규모의 통일편익이 발생할 것이라고 추단하였다. 이렇게 보면 속된 말로 '통일은 크게 남는 장사'라고 말할 수 있다. 이것이 단순한 경제적 편익이라면, '하나된 민족', '하나된 나라'라는 긍지와 안정, 행복에서 발생하는 정신적 '편익'을 더한다면 숫자로는 헤아릴 수 없는 거대한 편익이 발생하게 될 것이다. 이것이 바로 한반도 통일에 대한 우리의 참된 민족주의가 예고하는 발전지향성적인 성찰이며 기대인 것이다.

이렇게 이것이 통일을 경제적 실리에서 따져본 경제적 편익이라면, 이러한 경제적 편익에 못지않은 또 하나의 편익, 즉 돈으로 계산할 수 없는 정신적 편익도 아울러 있음을 잊어서는 안 된다. 우리가 아무리 오늘을 자랑하고 내일을 미화해도 이러한 편익에 힘입어 통일을 이루어내기 전까지는 '저희들끼리 싸우는 못된 사람'이란 남들의 비하나 조롱 앞에서는 유구무언(有口無言)일 수밖에 없다. 남들처럼 통일되어 그 편익을 누리게 될 때만이 그러한 수치스러운 비하나 조롱에서 떳떳하게 탈출할 수 있을 것이다.

닫는글

반만년 민족사에서 오늘날 70여년을 이어오는 분단사는 우리 민족에게 미증유의 고통과 불행을 안겨주는 중차대한 사회적 의제로서 의례 심오하고 포괄적인 학문적 조명과 성찰이 수반되어야 한다. 그럼에도 불구하고 작금 남북한을 막론하고 이 민족사적 의제를 다루는데서 사회학적 접근방법에만 집착하고, 민족의 역사문화와 전통에 바탕한 인문학적 접근방법은 거의나 소외되고 있다. 분단과 통일의 주역은 어디까지나 한민족일진대, 민족을 배제한 민족공동체의 복원이나 재통일은 결코 성사 불가능하며, 민족론(민족과 민족주의에 관한 이론)을 무시한 통일담론은 공염불에 불과하다.

다행히 근간에 와서 이러한 문제점을 감지한 일부 연구자들은 뒤늦게나마 통일담론을 민족론과 접목시켜 개진하려는 시도를 하기 시작하였다. 그렇지만 그들 대부분은 서구의 진부한 민족론, 특히 민족주의론에 훈육된 나머지 참 민족주의에 대한 무지와 오해, 왜곡 속에

통일담론과 민족론의 이론실천적 접목에 대해서는 불신하거나 회의적이다. 오히려 그들에 의해 민족주의는 '야누스의 얼굴'로, '패러독스로 가득'한 '비인간적인 허위의식'으로 매도됨으로써 통일담론에는 민족론이 발붙일 입지가 있을 수 없게 되었다. 따라서 작금 유행되고 있는 통일담론은 일관된 향도적 지침이며 방향타인 철학이 결여된 한낱 방담(放談)의 수준에 그치기가 일쑤다. 세계적 희유의 분단사를 다루는 담론에 철학이 없다는 것은 학문의 후진성을 말하기에 앞서 자못 수치스러운 일이 아닐 수 없다.

차제에 필자는 '민족주의적 통일담론'이란 제하에 나름대로 통일담론의 접근방법으로 사회학적 접근방법과 인문학적 접근방법을, 통일담론의 체제와 틀로 국가중심패러다임과 민족중심패러다임의 유기적 배합을 동시에 제시하면서, 이 모든 방법과 체제의 공통분모가 되는 것은 민족주의라는 지론을 개진하였다. 그러면서 민족주의의 3대 근본속성인 연대의식과 민족수호 의지 및 발전지향성을 통일담론의 3대 철학적 기조로 자리매김해 본다.

이 대목에서 특기할 것은 통일담론의 3대 철학적 기조는 필자의 협애한 두뇌에서 억지로 짜낸 개념이 아니라, 그 동안 남북 간에 진행된 숱한 통일담론 결과로 맺어진 일련의 협약서 가운데 남북 정상 간에 합의되어 발표한 6건의 주요한 공동성명이나 선언 및 합의서 내용에서 그 고갱이를 발견할 수 있었다는 사실이다. 물론 그 내용에 통일담론의 '철학적 기조'라든가 논리적 입론(立論)이란 명시(明示)는 없지만, 세세히 따져보면 바로 그 '철학적 기조'가 고스란히 투영되어 있다. 이것은 이러한 '철학적 기조'가 많든 적든, 영성적(零星的)이든, 명시적이든, 암묵적이든 간에 일찍부터 남북 간 통일담론에서 논급되어 왔음을 시사한다. 다만, 민족주의와 그 속성에 생소한 '연구자'들이 그것을 미처 제대로 포착해 이론화하지 못했을 따름이다. 이것이야말로 만시지탄(晚時之歎)의 교훈이 아닐 수 없다. 앞으로의 통일담론은 이러한 철학적 기조를 거울로 삼아 전개되어야 할 것이다.

우여곡절이 많았던 통일담론의 과정을 돌이켜보면, 담론이 어떤 패러다임에 의해 운영되는가가 담론 자체뿐만 아니라, 통일의 진척에 중요한 영향을 미친다는 것은 알 수 있다. '1민족 2체제'라는 한반도 분단사의 특수성으로 인해 통일담론은 국가중심패러다임과 민족중심패러다임의 2중 패러다임에 의해 운영되지 않을 수 없다. 문제는 국가중심패러다임을 국가 대 국가의 '흡수론'으로 오해하고 민족중심패러다임과의 인위적인 대립과 갈등을 조장함으로써 궁극적으로 통일담론을 방해하고 평화적 통일의 실현을 무산시키는 폐단을 더 이상 범하지 말며, 이 2중 패러다임을 유기적으로 잘 배합해 통일담론의 운영에 효용(效用)해야 한다는 것이다.

이상의 모든 통일담론은 구래(舊來)의 구태의연한 불완전 통일과정에서 진행된 담론들이다. 그러나 독일이나 예멘의 통일과정에서 발생한 여러 가지 문제점과 후유증들은 이러한 구래의 통일론을 창의적으로 계승 발전시킨 '진화통일론'을 기조로 하여 완전통일을 달성할 것을 훈계하고 있다. 이를테면 분단 → 불완전통일 → 완전통일이란 패턴으로 전 통일과정을 일깨워주고 있다. 따라서 졸문에서는 완전통일을 실현하기 위한 과정에서 발생한 통일의 편익을 최대한 효율적으로 활용하면서 '진화통일론'에 의해 수행되어야 할 주요한 국가적 과제를 제시하고 있다.

끝으로, 지난 수십 년 동안 남북 간에는 많은 통일담론이 오갔으며 여러 가지 통일 정책과 방안들이 제시되었지만 아직까지도 우리 한반도는 세상에서 유일무이한 분단국으로 남아 있다. 어떠한 변명으로도 상쇄될 수 없는 수치스러운 민족사다. 원인은 단 하나 합의통일을 이루지 못했기 때문이다. 그 동안 냉전시대에 분단으로 운명을 같이 했던 몇몇 나라들은 전쟁이 아니면 일방적 흡수의 형식으로라도 나름의 통일을 이루어냈다. 그러나 분단으로 인한 민족상잔까지 겪어낸 한반도는 더 이상 전쟁이나 흡수의 형식으로는 바람직한 통일을 실현할 수 없다는 것이 남북한 통일주체들의 한결같은 의지일 뿐만 아니라, 이 시대의 요청이기도 하다. 이러한 의지와 요청에 부응되는 통일의 형식은 진지한 민족주의적 통일담론을 통한 합의에 의한 통일, 즉 합의통일이다.

그런데 현실적으로 이러한 합의통일을 가로막는 걸림돌 몇 가지가 있는데, 그 가운데서 당면하여 극복해야 할 걸림돌로는 정치적 체제통합에서의 연합과 연방 문제와 더불어 의식구조에서의 통일 미래에 대한 회의론이다. 그리하여 졸고에서 체제통합문제로서의 연합과 연방에 관한 개념과 원리 및 상호관계의 해명을 시도하였으며, 회의론 불식(拂拭)으로서의 통일편익론을 피력하였다.

통일의 궁극적 목적은 정치적 체제통합을 기제로 한 민족공동체의 복원과 부흥이다. 따라서 이 모든 문제의 해명과 제시에는 민족의 연대의식과 민족수호 의지 및 발전지향성의 속성을 기조로 한 민족주의 철학이 온축되어 있음을 새삼스러이 강조하는 바이다.

끝으로, 필자의 애청곡(愛聽曲)이기도 한 '홀로아리랑'의 후렴 가사 "가다가 힘들면 쉬어 가더라도 손잡고 가보자 같이 가보자"를 '닫는 글'의 맺음으로 가늠하고자 한다.

| 부록 남북 간 6대 합의문서 |

7.4남북공동성명

최근 평양과 서울에서 남북관계를 개선하며 갈라진 조국을 통일하는 문제를 협의하기 위한 회담이 있었다.

서울의 이후락 중앙정보부장이 1972년 5월 2일부터 5월 5일까지 평양을 방문하여 평양의 김영주 조직지도부장과 회담을 진행하였으며, 김영주 부장을 대신한 박성철 제2부수상이 1972년 5월 29일부터 6월1일까지 서울을 방문하여 이후락 부장과 회담을 진행하였다.

이 회담들에서 쌍방은 조국의 평화적 통일을 하루빨리 가져와야 한다는 공통된 염원을 안고 허심탄회하게 의견을 교환하였으며 서로의 이해를 증진시키는 데서 큰 성과를 거두었다.

이 과정에서 쌍방은 오랫동안 서로 만나보지 못한 결과로 생긴 남북 사이의 오해와 불신을 풀고 긴장의 고조를 완화시키며 나아가서 조국통일을 촉진시키기 위하여 다음과 같은 문제들에 완전한 견해의 일치를 보았다.

1. 쌍방은 다음과 같은 조국통일원칙들에 합의를 보았다.
첫째, 통일은 외세에 의존하거나 외세의 간섭을 받음이 없이 자주적으로 해결하여야 한다.
둘째, 통일은 서로 상대방을 반대하는 무력행사에 의거하지 않고 평화적 방법으로 실현 하여야 한다.
셋째, 사상과 이념·제도의 차이를 초월하여 우선 하나의 민족으로서 민족적 대단결을 도모하여야 한다.

2. 쌍방은 남북 사이의 긴장상태를 완화하고 신뢰의 분위기를 조성하기 위하여 서로 상대방을 중상 비방하지 않으며 크고 작은 것을 막론하고 무장도발을 하지 않으며 불의의 군사적 충돌사건을 방지하기 위한 적극적인 조치를 취하기로 합의하였다.

3. 쌍방은 끊어졌던 민족적 연계를 회복하며 서로의 이해를 증진시키고 자주적 평화통일을 촉진시키기 위하여 남북 사이에 다방면적인 제반교류를 실시하기로 합의하였다.

4. 쌍방은 지금 온 민족의 거대한 기대 속에 진행되고 있는 남북적십자회담이 하루빨리 성사되도록 적극 협조하는 데 합의하였다.

5. 쌍방은 돌발적 군사사고를 방지하고 남북 사이에 제기되는 문제들을 직접, 신속 정확히 처리하기 위하여 서울과 평양 사이에 상설 직통전화를 놓기로 합의하였다.

6. 쌍방은 이러한 합의사항을 추진시킴과 함께 남북 사이의 제반문제를 개선 해결하며 또 합의된 조국통일원칙에 기초하여 나라의 통일문제를 해결할 목적으로 이후락 부장과 김영주 부장을 공동위원장으로 하는 남북조절위원회를 구성·운영하기로 합의하였다.

7. 쌍방은 이상의 합의사항이 조국통일을 일일천추로 갈망하는 온 겨레의 한결같은 염원에 부합된다고 확신하면서 이 합의사항을 성실히 이행할 것을 온 민족 앞에 엄숙히 약속한다.

서로 상부의 뜻을 받들어
이후락   김영주
1972년 7월 4일

남북 사이의 화해와 불가침 및 교류 협력에 관한 합의서

남과 북은 분단된 조국의 평화적 통일을 염원하는 온 겨레의 뜻에 따라, 7.4남북공동성명에서 천명된 조국통일 3대원칙을 재확인하고, 정치 군사적 대결상태를 해소하여 민족적 화해를 이룩하고, 무력에 의한 침략과 충돌을 막고 긴장 완화와 평화를 보장하며, 다각적인 교류·협력을 실현하여 민족공동의 이익과 번영을 도모하며, 쌍방 사이의 관계가 나라와 나라 사이의 관계가 아닌 통일을 지향하는 과정에서 잠정적으로 형성되는 특수관계라는 것을 인정하고, 평화 통일을 성취하기 위한 공동의 노력을 경주할 것을 다짐하면서, 다음과 같이 합의하였다.

제1장 남북화해

제1조 남과 북은 서로 상대방의 체제를 인정하고 존중한다.
제2조 남과 북은 상대방의 내부문제에 간섭하지 아니한다.
제3조 남과 북은 상대방에 대한 비방·중상을 하지 아니한다.
제4조 남과 북은 상대방을 파괴·전복하려는 일체 행위를 하지 아니한다.
제5조 남과 북은 현 정전상태를 남북 사이의 공고한 평화상태로 전환시키기 위하여 공동으로 노력하며 이러한 평화상태가 이룩될 때까지 현 군사정전협정을 준수한다.
제6조 남과 북은 국제무대에서 대결과 경쟁을 중지하고 서로 협력하며 민족의 존엄과 이익을 위하여 공동으로 노력한다.
제7조 남과 북은 서로의 긴밀한 연락과 협의를 위하여 이 합의서 발효 후 3개월 안에 판문점에 남북연락사무소를 설치·운영한다.
제8조 남과 북은 이 합의서 발효 후 1개월 안에 본회담 테두리 안에서 남북정치분과위원회를 구성하여 남북화해에 관한 합의의 이행과 준수를 위한 구체적 대책을 협의한다.

제2장 남북불가침

제9조 남과 북은 상대방에 대하여 무력을 사용하지 않으며 상대방을 무력으로 침략하지 아니한다.
제10조 남과 북은 의견대립과 분쟁문제들을 대화와 협상을 통하여 평화적으로 해결한다.
제11조 남과 북의 불가침 경계선과 구역은 1953년 7월 27일자 군사정전에 관한 협정에 규정된 군사분계선과 지금까지 쌍방이 관할하여 온 구역으로 한다.
제12조 남과 북은 불가침의 이행과 보장을 위하여 이 합의서 발효 후 3개월 안에 남북군사공동위원회를 구성·운영한다. 남북군사공동위원회에서는 대규모 부대이동과 군사연습의 통보 및 통제문제, 비무장지대의 평화적 이용문제, 군인사교류 및 정보교환 문제, 대량살상무기와 공격능력의 제거를 비롯한 단계적 군축 실현문제, 검증문제 등 군사적 신뢰조성과 군축을 실현하기 위한 문제들을 협의·추진한다.
제13조 남과 북은 우발적인 무력충돌과 그 확대를 방지하기 위하여 쌍방 군사당국자 사이에 직통 전화를 설치·운영한다.
제14조 남과 북은 이 합의서 발효 후 1개월 안에 본회담 테두리 안에서 남북군사분과위원회를 구성하여 불가침에 관한 합의의 이행과 준수 및 군사적 대결상태를 해소하기 위한 구체적 대책을 협의한다.

제3장 남북교류·협력

제15조 남과 북은 민족경제의 통일적이며 균형적인 발전과 민족전체의 복리향상을 도모하기 위하여 자원의 공동개발, 민족 내부 교류로서의 물자교류, 합작투자 등 경제교류와 협력을 실시한다.
제16조 남과 북은 과학·기술·교육·문화·예술·보건·체육·환경과 신문·라디오·텔레비전 및 출판물을 비롯한 출판·보도 등 여러 분야에서 교류와 협력을 실시한다.
제17조 남과 북은 민족 구성원들의 자유로운 왕래와 접촉을 실현한다.

제18조 남과 북은 흩어진 가족·친척들의 자유로운 서신거래와 왕래와 상봉 및 방문을 실시하고 자유의사에 의한 재결합을 실현하며, 기타 인도적으로 해결할 문제에 대한 대책을 강구한다.

제19조 남과 북은 끊어진 철도와 도로를 연결하고 해로·항로를 개설한다.

제20조 남과 북은 우편과 전기통신교류에 필요한 시설을 설치·연결하며, 우편·전기통신 교류의 비밀을 보장한다.

제21조 남과 북은 국제무대에서 경제와 문화 등 여러 분야에서 서로 협력하며 대외에 공동으로 진출한다.

제22조 남과 북은 경제와 문화 등 각 분야의 교류와 협력을 실현하기 위한 합의의 이행을 위하여 이 합의서 발효 후 3개월 안에 남북경제교류·협력공동위원회를 비롯한 부문별공동위원회들을 구성·운영한다.

제23조 남과 북은 이 합의서 발효 후 1개월 안에 본회담 테두리 안에서 남북교류·협력분과 위원회를 구성하여 남북교류·협력에 관한 합의의 이행과 준수를 위한 구체적 대책을 협의한다.

제4장 수정 및 발효

제24조 이 합의서는 쌍방의 합의에 의하여 수정·보충할 수 있다.

제25조 이 합의서는 남과 북이 각기 발효에 필요한 절차를 거쳐 그 문본(文本)을 서로 교환한 날부터 효력을 발생한다.

1991년 12월 13일

남북고위급회담	북남고위급회담
남측대표단 수석대표	북측대표단 단장
대한민국	조선민주주의인민공화국
국무총리 정 원 식	정무원총리 연 형 묵

남북공동선언 (6.15공동선언)

조국의 평화적 통일을 염원하는 온 겨레의 숭고한 뜻에 따라 대한민국 김대중 대통령과 조선민주주의인민공화국 김정일 국방위원장은 2000년 6월 13일부터 6월 15일까지 평양에서 역사적인 상봉을 하였으며 정상회담을 가졌다.

남북 정상들은 분단 역사상 처음으로 열린 이번 상봉과 회담이 서로 이해를 증진시키고 남북 관계를 발전시키며 평화 통일을 실현하는데 중대한 의의를 가진다고 평가하고 다음과 같이 선언한다.

1. 남과 북은 나라의 통일 문제를 그 주인인 우리 민족끼리 서로 힘을 합쳐 자주적으로 해결해 나가기로 하였다.

2. 남과 북은 나라의 통일을 위한 남측의 연합제 안과 북측의 낮은 단계의 연방제 안이 서로 공통성이 있다고 인정하고 앞으로 이 방향에서 통일을 지향시켜 나가기로 하였다.

3. 남과 북은 올해 8.15에 즈음하여 흩어진 가족, 친척 방문단을 교환하며, 비전향 장기수 문제를 해결하는 등 인도적 문제를 조속히 풀어 나가기로 하였다.

4. 남과 북은 경제협력을 통하여 민족경제를 균형적으로 발전시키고, 사회, 문화, 체육, 보건, 환경 등 제반 분야의 협력과 교류를 활성화하여 서로의 신뢰를 다져 나가기로 하였다.

5. 남과 북은 이상과 같은 합의 사항을 조속히 실천에 옮기기 위하여 빠른 시일 안에

당국 사이의 대화를 개최하기로 하였다.

    김대중 대통령은 김정일 국방위원장이 서울을 방문하도록 정중히 초청하였으며, 김정일 국방위원장은 앞으로 적절한 시기에 서울을 방문하기로 하였다.

2000년 6월 15일

대한민국	조선민주주의인민공화국
대통령	국방위원장
김 대 중	김 정 일

남북관계 발전과 평화번영을 위한 선언

(10.4남북정상선언)

대한민국 노무현 대통령과 조선민주주의인민공화국 김정일 국방위원장 사이의 합의에 따라 노무현 대통령이 2007년 10월 2일부터 4일까지 평양을 방문하였다.
방문기간 중 역사적인 상봉과 회담들이 있었다.

상봉과 회담에서는 6.15공동선언의 정신을 재확인하고 남북관계발전과 한반도 평화, 민족공동의 번영과 통일을 실현하는데 따른 제반 문제들을 허심탄회하게 협의하였다.

쌍방은 우리 민족끼리 뜻과 힘을 합치면 민족번영의 시대, 자주통일의 새 시대를 열어 나갈 수 있다는 확신을 표명하면서 6.15공동선언에 기초하여 남북관계를 확대·발전시켜 나가기 위하여 다음과 같이 선언한다.

1. 남과 북은 6.15공동선언을 고수하고 적극 구현해 나간다.
남과 북은 우리 민족끼리 정신에 따라 통일문제를 자주적으로 해결해 나가며 민족의 존엄과 이익을 중시하고 모든 것을 이에 지향시켜 나가기로 하였다.
남과 북은 6.15공동선언을 변함없이 이행해 나가려는 의지를 반영하여 6월 15일을 기념하는 방안을 강구하기로 하였다.

2. 남과 북은 사상과 제도의 차이를 초월하여 남북관계를 상호존중과 신뢰 관계로 확고히 전환시켜 나가기로 하였다.
남과 북은 내부문제에 간섭하지 않으며 남북관계 문제들을 화해와 협력, 통일에 부합되게 해결해 나가기로 하였다.

남과 북은 남북관계를 통일 지향적으로 발전시켜 나가기 위하여 각기 법률적·제도적 장치들을 정비해 나가기로 하였다.

남과 북은 남북관계 확대와 발전을 위한 문제들을 민족의 염원에 맞게 해결하기 위해 양측 의회 등 각 분야의 대화와 접촉을 적극 추진해 나가기로 하였다.

3. 남과 북은 군사적 적대관계를 종식시키고 한반도에서 긴장완화와 평화를 보장하기 위해 긴밀히 협력하기로 하였다.

남과 북은 서로 적대시하지 않고 군사적 긴장을 완화하며 분쟁문제들을 대화와 협상을 통하여 해결하기로 하였다.

남과 북은 한반도에서 어떤 전쟁도 반대하며 불가침의무를 확고히 준수하기로 하였다.

남과 북은 서해에서의 우발적 충돌방지를 위해 공동어로수역을 지정하고 이 수역을 평화수역으로 만들기 위한 방안과 각종 협력사업에 대한 군사적 보장조치 문제 등 군사적 신뢰구축조치를 협의하기 위하여 남측 국방부 장관과 북측 인민무력부 부장 간 회담을 금년 11월중에 평양에서 개최하기로 하였다.

4. 남과 북은 현 정전체제를 종식시키고 항구적인 평화체제를 구축해 나가야 한다는 데 인식을 같이하고 직접 관련된 3자 또는 4자 정상들이 한반도지역에서 만나 종전을 선언하는 문제를 추진하기 위해 협력해 나가기로 하였다.

남과 북은 한반도 핵문제 해결을 위해 6자회담, 9.19공동성명과 2.13합의가 순조롭게 이행되도록 공동으로 노력하기로 하였다.

5. 남과 북은 민족경제의 균형적 발전과 공동의 번영을 위해 경제협력사업을 공리공영과 유무상통의 원칙에서 적극 활성화하고 지속적으로 확대 발전시켜 나가기로 하였다.

남과 북은 경제협력을 위한 투자를 장려하고 기반시설 확충과 자원개발을 적극 추진하며 민족내부협력사업의 특수성에 맞게 각종 우대조건과 특혜를 우선적으로 부여하기로 하였다.

남과 북은 해주지역과 주변해역을 포괄하는 서해평화협력특별지대를 설치하고 공동어로구역과 평화수역 설정, 경제특구건설과 해주항 활용, 민간선박의 해주직항로 통과, 한강하구 공동이용 등을 적극 추진해 나가기로 하였다.

남과 북은 개성공업지구 1단계 건설을 빠른 시일 안에 완공하고 2단계 개발에 착수하며 문산-봉동 간 철도화물수송을 시작하고, 통행·통신·통관 문제를 비롯한 제반 제도적 보장조치들을 조속히 완비해 나가기로 하였다.

남과 북은 개성-신의주 철도와 개성-평양 고속도로를 공동으로 이용하기 위해 개보수 문제를 협의·추진해 가기로 하였다.

남과 북은 안변과 남포에 조선협력단지를 건설하며 농업, 보건의료, 환경보호 등 여러 분야에서의 협력사업을 진행해 나가기로 하였다.

남과 북은 남북 경제협력사업의 원활한 추진을 위해 현재의 '남북경제협력추진위원회'를 부총리급 '남북경제협력공동위원회'로 격상하기로 하였다.

6. 남과 북은 민족의 유구한 역사와 우수한 문화를 빛내기 위해 역사, 언어, 교육, 과학기술, 문화예술, 체육 등 사회문화 분야의 교류와 협력을 발전시켜 나가기로 하였다.

남과 북은 백두산관광을 실시하며 이를 위해 백두산-서울 직항로를 개설하기로 하였다.

남과 북은 2008년 북경 올림픽경기대회에 남북응원단이 경의선 열차를 처음으로 이용하여 참가하기로 하였다.

7. 남과 북은 인도주의 협력사업을 적극 추진해 나가기로 하였다.

남과 북은 흩어진 가족과 친척들의 상봉을 확대하며 영상 편지 교환사업을 추진하기로 하였다.

이를 위해 금강산면회소가 완공되는데 따라 쌍방 대표를 상주시키고 흩어진 가족과 친척의 상봉을 상시적으로 진행하기로 하였다.

남과 북은 자연재해를 비롯하여 재난이 발생하는 경우 동포애와 인도주의, 상부상조의 원칙에 따라 적극 협력해 나가기로 하였다.

8. 남과 북은 국제무대에서 민족의 이익과 해외 동포들의 권리와 이익을 위한 협력을 강화해 나가기로 하였다

남과 북은 이 선언의 이행을 위하여 남북총리회담을 개최하기로 하고, 제1차 회의를 금년 11월중 서울에서 갖기로 하였다.

남과 북은 남북관계 발전을 위해 정상들이 수시로 만나 현안 문제들을 협의하기로 하였다.

2007년 10월 4일

평양

대한민국	조선민주주의인민공화국
대통령	국방위원장
노 무 현	김 정 일

한반도의 평화와 번영, 통일을 위한 판문점선언

대한민국 문재인 대통령과 조선민주주의인민공화국 김정은 국무위원장은 평화와 번영, 통일을 염원하는 온 겨레의 한결같은 지향을 담아 한반도에서 역사적인 전환이 일어나고 있는 뜻깊은 시기에 2018년 4월 27일 판문점 평화의 집에서 남북정상회담을 진행하였다.

양 정상은 한반도에 더 이상 전쟁은 없을 것이며 새로운 평화의 시대가 열리었음을 8천만 우리 겨레와 전 세계에 엄숙히 천명하였다.

양 정상은 냉전의 산물인 오랜 분단과 대결을 하루 빨리 종식시키고 민족적 화해와 평화번영의 새로운 시대를 과감하게 열어나가며 남북관계를 보다 적극적으로 개선하고 발전시켜 나가야 한다는 확고한 의지를 담아 역사의 땅 판문점에서 다음과 같이 선언하였다.

1. 남과 북은 남북관계의 전면적이며 획기적인 개선과 발전을 이룩함으로써 끊어진 민족의 혈맥을 잇고 공동번영과 자주통일의 미래를 앞당겨 나갈 것이다. 남북관계를 개선하고 발전시키는 것은 온 겨레의 한결같은 소망이며 더 이상 미룰 수 없는 시대의 절박한 요구이다.

① 남과 북은 우리 민족의 운명은 우리 스스로 결정한다는 민족 자주의 원칙을 확인하였으며 이미 채택된 남북 선언들과 모든 합의들을 철저히 이행함으로써 관계 개선과 발전의 전환적 국면을 열어나가기로 하였다.
② 남과 북은 고위급 회담을 비롯한 각 분야의 대화와 협상을 빠른 시일 안에 개최

하여 정상회담에서 합의된 문제들을 실천하기 위한 적극적인 대책을 세워나가기로 하였다.

③ 남과 북은 당국 간 협의를 긴밀히 하고 민간교류와 협력을 원만히 보장하기 위하여 쌍방 당국자가 상주하는 남북공동연락사무소를 개성지역에 설치하기로 하였다.

④ 남과 북은 민족적 화해와 단합의 분위기를 고조시켜 나가기 위하여 각계각층의 다방면적인 협력과 교류 왕래와 접촉을 활성화하기로 하였다. 안으로는 6·15를 비롯하여 남과 북에 다같이 의의가 있는 날들을 계기로 당국과 국회, 정당, 지방자치단체, 민간단체 등 각계각층이 참가하는 민족공동행사를 적극 추진하여 화해와 협력의 분위기를 고조시키며, 밖으로는 2018년 아시아경기대회를 비롯한 국제경기들에 공동으로 진출하여 민족의 슬기와 재능, 단합된 모습을 전 세계에 과시하기로 하였다.

⑤ 남과 북은 민족 분단으로 발생된 인도적 문제를 시급히 해결하기 위하여 노력하며, 남북 적십자회담을 개최하여 이산가족·친척상봉을 비롯한 제반 문제들을 협의 해결해 나가기로 하였다. 당면하여 오는 8.15를 계기로 이산가족·친척 상봉을 진행하기로 하였다.

⑥ 남과 북은 민족경제의 균형적 발전과 공동번영을 이룩하기 위하여 10.4선언에서 합의된 사업들을 적극 추진해 나가며 1차적으로 동해선 및 경의선 철도와 도로들을 연결하고 현대화하여 활용하기 위한 실천적 대책들을 취해나가기로 하였다.

2. 남과 북은 한반도에서 첨예한 군사적 긴장상태를 완화하고 전쟁 위험을 실질적으로 해소하기 위하여 공동으로 노력해 나갈 것이다.

① 남과 북은 지상과 해상, 공중을 비롯한 모든 공간에서 군사적 긴장과 충돌의 근원으로 되는 상대방에 대한 일체의 적대행위를 전면 중지하기로 하였다. 당면하여 5월 1일부터 군사분계선 일대에서 확성기 방송과 전단살포를 비롯한 모든 적대 행위들을 중지하고 그 수단을 철폐하며 앞으로 비무장지대를 실질적인 평화지대로 만들어 나가기로 하였다.

② 남과 북은 서해 북방한계선 일대를 평화수역으로 만들어 우발적인 군사적 충돌을 방지하고 안전한 어로 활동을 보장하기 위한 실제적인 대책을 세워나가기로 하였다.
③ 남과 북은 상호협력과 교류, 왕래와 접촉이 활성화되는 데 따른 여러 가지 군사적 보장대책을 취하기로 하였다. 남과 북은 쌍방 사이에 제기되는 군사적 문제를 지체 없이 협의 해결하기 위하여 국방부장관회담을 비롯한 군사당국자회담을 자주 개최하며 5월 중에 먼저 장성급 군사회담을 열기로 하였다.

3. 남과 북은 한반도의 항구적이며 공고한 평화체제 구축을 위하여 적극 협력해 나갈 것이다. 한반도에서 비정상적인 현재의 정전상태를 종식시키고 확고한 평화체제를 수립하는 것은 더 이상 미룰 수 없는 역사적 과제이다.

① 남과 북은 그 어떤 형태의 무력도 서로 사용하지 않을 데 대한 불가침 합의를 재확인하고 엄격히 준수해 나가기로 하였다.
② 남과 북은 군사적 긴장이 해소되고 서로의 군사적 신뢰가 실질적으로 구축되는 데 따라 단계적으로 군축을 실현해 나가기로 하였다.
③ 남과 북은 정전협정체결 65년이 되는 올해에 종전을 선언하고 정전협정을 평화협정으로 전환하며 항구적이고 공고한 평화체제 구축을 위한 남·북·미 3자 또는 남·북·미·중 4자회담 개최를 적극 추진해 나가기로 하였다.
④ 남과 북은 완전한 비핵화를 통해 핵 없는 한반도를 실현한다는 공동의 목표를 확인하였다. 남과 북은 북측이 취하고 있는 주동적인 조치들이 한반도 비핵화를 위해 대단히 의의 있고 중대한 조치라는데 인식을 같이 하고 앞으로 각기 자기의 책임과 역할을 다하기로 하였다. 남과 북은 한반도 비핵화를 위한 국제사회의 지지와 협력을 위해 적극 노력하기로 하였다. 양 정상은 정기적인 회담과 직통전화를 통하여 민족의 중대사를 수시로 진지하게 논의하고 신뢰를 굳건히 하며, 남북관계의 지속적인 발전과 한반도의 평화와 번영, 통일을 향한 좋은 흐름을 더욱 확대해 나가기 위하여 함께 노력하기로 하였다. 당면하여 문재인 대통령은 올해 가을 평양을 방문하

기로 하였다.

2018년 4월 27일

판 문 점

대한민국	조선민주주의인민공화국
대통령	국무위원회 위원장
문 재 인	김 정 은

9월 평양공동선언

대한민국 문재인 대통령과 조선민주주의인민공화국 김정은 국무위원장은 2018년 9월 18일부터 20일까지 평양에서 남북정상회담을 진행하였다.

양 정상은 역사적인 판문점선언 이후 남북 당국 간 긴밀한 대화와 소통, 다방면적 민간교류와 협력이 진행되고, 군사적 긴장완화를 위한 획기적인 조치들이 취해지는 등 훌륭한 성과들이 있었다고 평가하였다.

양 정상은 민족자주와 민족자결의 원칙을 재확인하고, 남북관계를 민족적 화해와 협력, 확고한 평화와 공동번영을 위해 일관되고 지속적으로 발전시켜 나가기로 하였으며, 현재의 남북관계 발전을 통일로 이어갈 것을 바라는 온 겨레의 지향과 여망을 정책적으로 실현하기 위하여 노력해 나가기로 하였다.

양 정상은 판문점선언을 철저히 이행하여 남북관계를 새로운 높은 단계로 진전시켜 나가기 위한 제반문제들과 실천적 대책들을 허심탄회하고 심도있게 논의하였으며, 이번 평양정상회담이 중요한 역사적 전기가 될 것이라는 데 인식을 같이 하고 다음과 같이 선언하였다.

1. 남과 북은 비무장지대를 비롯한 대치지역에서의 군사적 적대관계 종식을 한반도 전 지역에서의 실질적인 전쟁위험 제거와 근본적인 적대관계 해소로 이어나가기로 하였다.
① 남과 북은 이번 평양정상회담을 계기로 체결한 〈판문점선언 군사분야 이행합의서〉를 평양공동선언의 부속합의서로 채택하고 이를 철저히 준수하고 성실히 이행하며, 한반도를 항구적인 평화지대로 만들기 위한 실천적 조치들을 적극 취해나가기로 하

였다.
② 남과 북은 남북군사공동위원회를 조속히 가동하여 군사분야 합의서의 이행실태를 점검하고 우발적 무력충돌 방지를 위한 상시적 소통과 긴밀한 협의를 진행하기로 하였다.

2. 남과 북은 상호호혜와 공리공영의 바탕 위에서 교류와 협력을 더욱 증대시키고, 민족경제를 균형적으로 발전시키기 위한 실질적인 대책들을 강구해나가기로 하였다.
① 남과 북은 금년 내 동·서해선 철도 및 도로 연결을 위한 착공식을 갖기로 하였다.
② 남과 북은 조건이 마련되는 데 따라 개성공단과 금강산관광 사업을 우선 정상화하고, 서해경제공동특구 및 동해관광공동특구를 조성하는 문제를 협의해 나가기로 하였다.
③ 남과 북은 자연생태계의 보호 및 복원을 위한 남북 환경협력을 적극 추진하기로 하였으며, 우선적으로 현재 진행 중인 산림분야 협력의 실천적 성과를 위해 노력하기로 하였다.
④ 남과 북은 전염성 질병의 유입 및 확산 방지를 위한 긴급조치를 비롯한 방역 및 보건·의료 분야의 협력을 강화하기로 하였다.

3. 남과 북은 이산가족 문제를 근본적으로 해결하기 위한 인도적 협력을 더욱 강화해 나가기로 하였다.
① 남과 북은 금강산 지역의 이산가족 상설면회소를 빠른 시일 내 개소하기로 하였으며, 이를 위해 면회소 시설을 조속히 복구하기로 하였다.
② 남과 북은 적십자 회담을 통해 이산가족의 화상상봉과 영상편지 교환 문제를 우선적으로 해결해 나가기로 하였다.

4. 남과 북은 화해와 단합의 분위기를 고조시키고 우리 민족의 기개를 내외에 과시하기 위해 다양한 분야의 협력과 교류를 적극 추진하기로 하였다.
① 남과 북은 문화 및 예술분야의 교류를 더욱 증진시켜 나가기로 하였으며, 우선적

으로 10월 중에 평양예술단의 서울 공연을 진행하기로 하였다.
② 남과 북은 2020년 하계올림픽경기대회를 비롯한 국제경기들에 공동으로 적극 진출하며, 2032년 하계올림픽의 남북공동 개최를 유치하는 데 협력하기로 하였다.
③ 남과 북은 10.4 선언 11주년을 뜻깊게 기념하기 위한 행사들을 의의있게 개최하며, 3.1운동 100주년을 남북이 공동으로 기념하기로 하고, 그를 위한 실무적인 방안을 협의해 나가기로 하였다.

5. 남과 북은 한반도를 핵무기와 핵위협이 없는 평화의 터전으로 만들어 나가야 하며 이를 위해 필요한 실질적인 진전을 조속히 이루어 나가야 한다는 데 인식을 같이 하였다.
① 북측은 동창리 엔진시험장과 미사일 발사대를 유관국 전문가들의 참관 하에 우선 영구적으로 폐기하기로 하였다.
② 북측은 미국이 6.12북미공동성명의 정신에 따라 상응조치를 취하면 영변 핵시설의 영구적 폐기와 같은 추가적인 조치를 계속 취해나갈 용의가 있음을 표명하였다.
③ 남과 북은 한반도의 완전한 비핵화를 추진해나가는 과정에서 함께 긴밀히 협력해 나가기로 하였다.

6. 김정은 국무위원장은 문재인 대통령의 초청에 따라 가까운 시일 내로 서울을 방문하기로 하였다.

2018년 9월 19일

대한민국	조선민주주의인민공화국
대통령	국무위원장
문 재 인	김 정 은

| 주요 참고문헌 |

강만길, 『분단고통과 통일전망의 역사』, 창비, 2018.
건국대학교통일인문학연구단 기획, 『통일담론의 지성사』, 패러다임, 2015.
　　　　　　, 『통일인문학』, 알렘, 2015.
　　　　　　, 『포스트 통일, 민족적 연대를 꿈꾸다』, 한국문화사, 2016.
김계동, 『남북한 체제통합론』, 명인문화사, 2006.
김대환, 『통일을 위한 민족주의 이념』, 을유문화사, 1993.
김연철, 『70년의 대화』, 창비, 2018.
김용제, 『한반도통일론』, 박영사, 2012.
김은진, 『남북연합연방제통일론』, 리마트코리아, 2015.
김인종, 『민족주의와 역사』, 아카넷, 2014.
민병천, 『민족통일론』, 고려원, 1988.
북한연구회 기획, 『통일논쟁. 12가지 쟁점, 새로운 모색』, 한울, 2015.
사회와 철학연구회 지음, 『한반도의 분단, 평화, 통일, 그리고 민족』, 씨아이알, 2019.
신창민, 『통일은 대박이다』, 한우리통일출판사, 2013.
아태평화재단, 『김대중의 3단계 통일론』, 아태평화출판사, 1995.
은천기, 『한반도통일론』, 남지, 1994.
이성구, 『민족통일론』, 법문사, 2001.
　　　, 『민족공동체통일론』, 형설출판사, 2007.
이상진, 『이상진의 대담한 통일론』, 하늘아래, 2018.
21세기민족주의포럼, 『재생의 담론, 21세기 민족주의』, 통일뉴스, 2010.
이정희, 『민족통일론』, 형설출판사, 1997.
이종기, 『한민족국가의 자주평화통일론』, 하이비전, 2018.
이종석, 『한반도평화통일론』, 한울, 2012.
이찬삼, 『옥화 동무, 날 기다리지 말아요』, 중앙 M&B, 1995.
정세현, 이종석, 『한반도 특강』, 창비, 2018.
최양근, 『한반도형 남북연합과 단계적 연방국가 건설』, 선인, 2017.
한국문제연구원, 『한반도 통일론』, 建大出版部, 1997.
6.15 남북정상회담 19주년 기념 학술회의, 『한반도 평화를 위한 6.15.의 해법』, 6.15남북
　　　　　　　　　　　　　　　　　정상회담19주년기념행사위원회, 2019.6.

民 ― 族

통일뉴스 인터뷰 | 정수일 한국문명교류연구소 소장

主 "지성의 양식으로 義
겨레에 헌신한다"

統 ―

정수일 소장과 통일뉴스와의 인터뷰는 2020년 4월 29일 한국문명교류연구소 사무실에서 진행됐다. 통일뉴스 측에서는 이계환 대표와 김치관 편집국장이 함께해 좌담 형식으로 진행됐다.

▶ 많은 분들이 건강을 걱정하고 궁금해 하기도 하는데, 건강은 어떤가?

보다시피 여러분의 관심과 배려 덕분에 건강하다. 지난해 겨울에 나이 먹으면 으레 통과의례처럼 찾아오는 노쇠병 때문에 좀 고생하다가 빠르게 회복됐다. 이번 '코로나19'도 무사히 보내고 있다.

▶ 「민족과 민족주의, 그 재생적 담론」을 책자로 내놓은 지 10년이 됐다. 그 이후 어떤 반향이 있었나?

단행본 책자를 주로 민족주의에 관심을 가지고 있는 지인들에게 배포하고, 시민운동단체와 연구모임, 옥인학당 시리즈 강좌, 국학원, 북한대학원 등 시민단체와 연구기관에서 '왜 다시 민족주의인가'라는 제목으로 10여 차례 강의를 했다.

대체로 내용이 신선하다는 평을 받았는데, 특히 민족주의 문제에서 그 개념 정의와 기능에 관해서는 지금까지의 통설과 다른 내용을 알게 되었다는 소감을 들었다.

특히 지금은 고인이 된 노회찬 의원님과 실크로드 답사를 네 번이나

같이 다녀왔는데, 그 과정에서 많은 대화를 나눴다. 관심 있는 동료의
원들과 국회 내에 연구모임 같은 것을 결성해 민족이나 통일 문제를
함께 연구해보자는 약속을 하기도 했는데, 안타깝게도 무산되고 말았
다. 고인은 「'정수일의 여행기'를 고대하며」라는 장문의 유고에서 민
족과 민족주의에 관해 유의미한 견해를 피력했다. 이에 "산자여, 가신
이들의 숭고한 유지를 헛되이 하지 말지어다!"라는 잠언(箴言) 한마디
로 답하고 싶다.

▶ '민족과 민족주의 담론'이 '문명교류론과 실크로드학'과는 어떤 연결점
이 있나?

태생적으로 인간의 문명화는 종족의 최대집단인 민족에서부터 시작
된다. 민족의 하층 구성세포인 가족과 마을에서 민족공통어를 배우고
익히며, 그를 통해 인간으로서의 기초상식과 윤리도덕, 사랑과 협조,
전통 같은 기본적인 문명 요소와 가치들을 터득하고 공유한다.

이렇게 민족 단위로 공유된 요소와 가치들에 의해 문명은 비로소 탄
생하고 성장하며, 그것이 확대되어 문명권을 이루고, 나아가 문명권
간의 교류가 발생한다. 그러한 교류를 실현 가능케 하는 물리적 수단
이 바로 실크로드란 교류통로다.

따라서 민족이나 민족주의를 떠난 문명의 탄생이나 교류란 상상할
수 없으며, 올곧은 문명교류론에 천착하려면 민족과 민족주의를 제대
로 알아야 한다. 역사의 경험이 보여주듯, 이러한 상통하는 문명과 그

주재자인 민족 간의 불가분의 연결관계에 무지하다 보니 무턱대고 민족주의를 배타적인 기피물로 호도하고 저주하게 되는 것이다.

▶ 민족론에 관한 '필자의 체험적 신념'을 언급했는데, 구체적 경험을 듣고 싶다.

많은 경험 가운데 한 가지만을 들면, 중국의 소수민족인 조선족으로 중국 외교부에 근무하다가 1963년 중국 정부에 환국(還國) 신청을 공식 제출한 순간부터 '협애한 민족주의자'라고 몰아붙이는 당국과 민족문제와 환국의 당위성을 놓고 긴 논쟁을 벌였다.

논쟁의 핵심은 민족주의와 국제주의와의 관계 문제였다. 중국 측의 변은 국제주의를 표방해 온 사람이 갑자기 민족주의를 내세우면서 환국을 주장한다는 것이다. 이에 맞선 본인의 변은 민족주의와 국제주의는 상치되는 개념이 아니며, 참된 민족주의자라야 참된 국제주의자가 될 수 있고, 진정한 국제주의자는 진정한 민족주의자이며, 가장 민족적인 것이 가장 국제적인 것이라는 확증된 변증법적 관계 논리였다.

논쟁의 핵심을 보완하는 또 다른 변은 환국 목적의 타당성이었다. 환국의 목적은 고국의 분단 극복에 헌신하려는 것임을 당당히 밝히면서, 역사적으로 순치(脣齒)관계에 있는 조(한)-중 양국은 이웃으로, 그리고 혈맹으로 모든 국제적 가치와 민족적 이익을 공유하고 수호함으로써 난국에 처할 때 서로가 연대하는 것은 공통적 책무이며, 따라서 한 개인의 환국을 허락하는 것은 대국적(大局的) 차원에서도 합당한 배려와 회사(回謝)라는 논리로 상대를 설득시켰다. 회사란, 일찍이 우리 조선 사람들이 중국혁명을 위해 많은 피를 흘렸으니, 의리상 이제 조선에 감사할 줄 알아야 하지 않겠는가 하는 뜻이다. 지루한 논쟁 끝에 합법 환국이란 결과를 따냄으로써 생의 변곡점을 의젓하게 돌아섰을 뿐만 아니라, 민족과 민족주의에 대한 체험적 신념을 보다 굳건하게 가다듬을 수가 있었다.

▶ 환국해서 북쪽에서도 많은 역할을 할 수 있었을 텐데, 또 다시 남행을 결심한 이유를 듣고 싶다.

그 이유는 같은 맥락에서였다. 환국해서 관계기관에 희망 직업을 써낼 때, 주저 없이 첫째 지망도 조국통일성업(聖業), 둘째 지망도 조국통일성업, 셋째 지망도 조국통일성업이라고 밝혔다. 외교관이나 대학교수가 결코 아니었다. 사실 개인적으로는 일찍부터 조국 한반도를 총체적으로, 그리고 제대로 알려면 반드시 절반 땅 남한에도 가 봐야 한다는 신념을 간직해 왔다.

▶ 민족발생론 중 영속주의와 근대주의라는 기존 이론들과 달리 '연속주의'를 제시했는데, 그 이후 어떤 진전이 있었나?

민족이 언제 발생하고 언제까지 존속하는가 하는 민족의 발생론과 존재론에 관해서 지금까지는 크게 근대주의(modernism)와 영속(永

續)주의(perennialism)의 두 가지 이론으로 접근하였다. 근대주의론은 문자 그대로 민족은 근대에 일어난 산업혁명과 프랑스혁명, 자본주의에로의 과도, 국민 국가의 탄생 등의 계기를 통해 만들어진 후 유한(有限)적으로 존속하다가 근대의 종언과 더불어 없어진다는 이론이다. 이에 반해 영속주의론은 민족의 원형이 씨족이나 종족에서 이루어졌을 뿐만 아니라, 아시아에서는 물론 유럽에서도 민족이 근대 이전에 이미 출현했다는 역사적 증거가 속속 나타나고 있기 때문에 민족은 결코 근대의 산물은 아니며, 오랜 역사과정에서 형성되어 '초역사적'으로 영원히 존속한다고 주장한다.

이렇게 영속주의는 민족 발생의 역사성과 계승성을 인정한다는 측면에서는 합리적인 요소가 있지만, 민족이 '초역사적'으로 영원히 존속한다는 것은 비논리적이다. 왜냐하면, 전망적으로 민족 간의 교류나 소통이 원만하게 진행되어 민족 구성의 주·객관적 제반 요소들 간의 차별이 점차 사라지면 구경에 가서 민족은 자연적으로 사라지고야 만다. 이와 같이 민족은 '영구불멸의 초역사적 상수'가 아니라, 특정한 역사시기에 발생한 후 단절 없이 연속적으로 존속하다가 조락한다는 것이 이른바 연속(連續)주의다.

연속주의는 민족의 역사적 존망을 거시적으로 예시한 이론으로서, 과문이지만 아직까지 연구에서 괄목할 만한 진전은 없는 것으로 보인다. 계속 연구해야 할 과제다.

▶ 남북민족 내지는 타민족론을 비판했다. 특히 민족 구성요소 중 '경제적 공통성'은 여전히 유지되고 있다는 입장인데 반론도 있었을 것 같다.

여기서 말하는 남북민족이란 개념은 남북한은 이제 더 이상 하나의 민족이 아니라는 것이며, 타민족론이란 같은 맥락에서 남북한은 서로가 다른 민족이란 논리다. 한마디로 민족분단론이다. 이러한 민족분단론의 주된 근거는 이른바 민족 구성요소들의 공통성, 특히 경제적 공통성의 '상실'에 두고 있다.

오늘날 남북한 간의 경제제도나 경제수준에서의 차이는 결코 민족구성의 주요한 요인의 하나인 경제적 공통성의 상실에 의한 것으로 볼 수 없으며, 나아가 이를 구실로 민족분단론을 합리화하려는 것은 어불성설이다.

원래 민족구성 요소로서의 경제적 공통성이란 경제제도나 경제수준을 의미하는 것이 아니라, 농업이나 공·상업 등 경제의 기층구조와 주로 의식주로 표현되는 경제생활, 그리고 경제에 영향을 미치는 기후와 부존자원 같은 자연지리적 여건이라는 3대 요소에서 나타나는 공통성을 말한다.

주지하다시피, 역대의 봉건제도나 자본주의제도는 비록 각이한 경제제도나 경제수준을 겪으면서도 경제적 공통성은 상실되지 않았을 뿐만 아니라, 민족구성 요소로서의 원초적 기능을 그대로 유지해 온 것은 위의 3대 요소 때문이다. 오늘날도 마찬가지다. 따라서 경제적 공통요소의 '상실'로 인해 남북한은 더 이상 하나의 민족이 될 수 없다는 것은 일종의 비논리적 강변에 불과하다.

▶ '제3세계의 민족해방투쟁 현장 목격'을 언급했는데, 구체적으로 들려달라.

2차 대전 이후 제3세계의 민족해방투쟁은 그 성격에 따라 크게 3대 부류로, 혹은 3개 단계로 분류할 수 있다.

먼저, 민족독립투쟁으로 서구 식민주의 통치로부터의 민족적 독립을 쟁취하기 위한 투쟁으로, 알제리 민족해방전쟁(1950년 말~1960년 초)을 비롯한 무장투쟁이 있다.

두 번째로, 민족독립 수호투쟁으로 아프리카대륙에서 보다시피, 독립을 쟁취한 후 자본주의와 사회주의에서 진로를 택하면서 쟁취한 독립을 수호하기 위해 폭력이나 비폭력 투쟁을 전개해 오고 있다.

세 번째로, 식민지 후유증에서 탈피해 식민 잔재를 청산하고 새로운 민족공동체를 건설하기 위한 투쟁이나 민족적 정체성을 복원하기 위한 투쟁이 있다. 예컨대 중남미의 '3대 병'인 빈부격차, 사회불평등, 독재를 극복하기 위한 치유 투쟁이나 중근동과 중앙아시아의 이슬람 복원운동 등이 있다.

일부에서는 이러한 투쟁의 부분적인 이색점이나 차이점에 근거해 '민족주의의 신조류'라고 평가한다. 그러나 총체적으로 그 지향성을 보면 민족주의의 고유 속성의 하나인 민족수호 의지의 발현으로서 '민족주의의 신조류'라고 보기는 어렵다.

▶ 민족주의에 관한 창의(創意)적인 개념을 제시했는데, 그 주요 내용은 무엇인가?

우선, 지금까지의 통설로는 민족주의의 속성을 대체로 민족구성원들 간의 연대의식과 그들의 민족수호 의지, 이 두 가지로 규정했으나, 여기에 '발전지향성'이란 새로운 속성을 하나 더한다. 발전지향성이란 민족의 발전을 지향해 타자와의 공생공영 속에서 폐쇄와 배타가 아닌 개방과 수용을 추구하는 이념이며 태도다.

다음으로, 내용면에서는 민족주의가 사상, 이데올로기, 주의 등 이념적 표상일 뿐만 아니라, 정연한 내재적 논리구조와 규범을 갖추고 있는 의식구조이며, 추상이 아닌 일상의 생활과 행동에서 드러나는 구체적인 모습이라는 것이다. 따라서 민족주의는 인간생활에 편재(遍在)하는 보편가치라는 것이 새로운 논지다.

▶ 민족주의의 3대 속성을 통일담론의 철학적 기조로 제시한 것은 첫 시도이고 매우 창의적이다. 특히 발전지향성을 통일담론 모색과정에서 중시했는데 어떤 의미가 있는가?

통일담론에 관한 연구서들을 섭렵하면서 기존 담론에서 가장 미흡한 점으로 담론에 관한 철학적 고찰이 거의 결여되어 있다는 것을 발견했다. 5천년 민족사에서 지난 70여 년간의 분단사는 가장 비극적인 역사적 의제(議題)이며, 작금 민족통일은 8천만 겨레의 최대 민족사적 과제인데, 이 중차대한 의제와 과제에 관한 철학적 투시가 없다는 것은 미흡 중 미흡이다. 그러다 보니 통일담론은 난맥상을 면할 수가 없다.

그 근본 원인은 철학적으로 '내용이 빈약'하여 정연한 이론체계를 세울 수 없고 대사상가도 '배출할 수 없다'는 서구 민족주의 통념의 여파와 일변도적(一邊倒的)인 사회학적 기능주의 접근방법에 있다고 판단된다.

본인은 연대의식과 민족수호 의지, 발전지향성의 민족주의 3대 속성을 통일담론의 철학적 기조로 설정하는 시도를 개진했다. 사실 그 동안 남북한 간에 맺어진 각종 협약이나 공동선언 같은 문서들을 세심히 훑어보면, 아이러니하게도 이러한 철학적 기조가 많든 적든, 명시적이든 암묵적이든 간에 그 밑바닥에 깔려있음을 발견하게 된다. 다만 우리는 그것을 철학적 시각에서 제대로 체계화하고 이론화해 전략전술과 행동의 지침으로 승화시키지 못한 아쉬움을 남겨놓고 있다. 민족주의 속성의 하나이자 통일담론의 철학적 기조의 하나이기도 한 발전 지향성을 통일담론 모색과정에서 특별히 중시한 데는 다음과 같은 세 가지 심원한 의미가 있다.

첫째는 지금까지의 통념을 깨고 처음으로 발전지향성을 민족주의 속성과 통일담론의 철학적 기조의 하나로 자리매김하였다는데 있다.

둘째는 '폐쇄성'이니 '배타적'이니 하는 민족주의에 대한 오해와 왜곡을 불식시키는데 그 의미가 있다. 일부에서는 폐쇄와 배타라는 민족주의의 부정적 이미지에 맞선답시고 무슨 '열린 민족주의'를 운운하는데, 민족주의에는 오로지 민족주의 하나뿐이다. 별종의 민족주의는 없다. '배타적 민족주의'는 민족주의 별종이 아니고, 민족주의와는 전혀 무관한 '민족배타주의'일 뿐이다.

셋째로 그 의미는 통일 전망에 대한 회의주의와 비관주의를 해소시키는 데서 찾아볼 수 있다. 통일 전망에 대한 회의주의와 비관주의를 잠재우는 주요한 방법의 하나는 통일의 밝은 전망으로 의식의 변화를 유도하는 것이다.

▶ 통일담론에서 '2중 패러다임'을 제기하면서 "민족성과 국가성을 합리적으로 잘 결합하여 통일담론에 대한 효용을 극대화하는 것"을 제시했는데, 구체적으로 어떻게 결합해야 하는가?

'통일담론의 2중 패러다임'이란 통일담론의 내용이나 형식을 규제하는 틀이나 체제에 '국가중심패러다임'과 '민족중심패러다임'의 두 가지가 병존한다는 것이다. 이러한 2중 패러다임은 1991년 「남북기본합의서」에서 규정한 것처럼 같은 민족이면서도 체제가 다른 두 국가라는, 즉 1민족 2국가라는 한반도 분단의 특수성에서 비롯된 것이다. 통일담론의 효용을 극대화하기 위해서는 민족성, 즉 민족중심패러다임과 국가성, 즉 국가중심패러다임을 잘 결합해야 하는데, 그 구체적 방도는 다음과 같은 3가지 정도를 꼽을 수 있다.

첫째, 국가의 개입과 민족의 동참을 유기적으로 결합함으로써 2중 패러다임 간의 갈등을 지양하고 상부상조적 관계를 유지하는 것이다.

둘째, 2중 패러다임의 통합적 운영에서 국가는 일방적 '흡수론'의 지양, 상호 신뢰와 호혜에 기초한 협력, 상호 불가침, 민족 공동의 국제적 위상 선양 등 역할과 기능을, 민족은 민족연대성의 강화, 민족전통의 계승, 민족 동질성의 복원, 다민족시대에 상응하는 민족공동체의 재건 등 역할과 기능을 각각 수행하는 것이다.

셋째, 어떠한 경우에도 민족주의 3대 속성을 확고한 철학적 기조와 행동지침으로 삼고 균형 있게 패러다임을 운영하는 것이다.

▶ 기존 국가중심패러다임을 넘어서는 민족중심패러다임에 방점을 찍을 것으로 예상했는데, 동등한 가치를 두는 점이 인상적이다. 현실적으로는 남북 당국의 규정력이 더 큰 것 아닌가?

그렇다. 1민족 2국가라는 민족분단의 특수성에서 민족 구성원들의 통일운동을 비롯한 통일담론은 응당 두 국가의 패러다임(국가중심패러다임)과 분단된 민족의 패러다임(민족중심패러다임) 차원에서 균형 있게 전개되어야 한다. 그런데 지금까지는 주로 국가의 개입에 의해 주도되고, 민족의 동참은 홀시되거나 배제되어 왔다.

그래서 앞으로 이 두 패러다임은 각자 고유의 역할에 충실하고 서로가 잘 결합해서 갈등을 조성하지 말고 상부상조적, 유기적 관계를 유지하면서 각자의 기능과 역할을 높여나가야 한다. 이러한 점에서 이 두 패러다임은 동등한 가치를 지닌다고 말할 수 있다.

▶ 남북 간 6대 합의서를 통일담론의 기반으로 삼고 있는데, 통일방안 관련해서는 아직 연합과 연방 문제 등이 해결되지 않은 상태다. 남북 간 추가 합의서가 필요하다고 보나?

지금까지 남북 간에는 명시한 바는 없지만, 통일담론의 철학적 기조를 반영한 통일방안이 여러 가지 합의서나 공동선언 등을 통해 제시되었다. 물론 괄목할만한 성과를 거두었지만, 그 행보가 이러저러한 난관에 부딪치면서 가다 서다를 거듭하는 통에 시대와 역사의 절박한 요청에는 미치지 못하고 있는 것이 사실이다. 요컨대, 그 동안 남북은 숱한 우여곡절 속에서도 일련의 협의를 통해 상생적(相生的)인 접점으로 상극적(相剋的)인 쟁점을 극복하면서 통일의 길을 개척해 왔다.

예컨대, 통일방안에서 핵심문제인 두 국가체제의 통합형태를 놓고 애초부터 남은 3단계론을, 북은 연방제론을 주장하면서 줄당기기를 해오다가 가까스로 6.15공동선언에서 '남측의 연합제(union)안과 북측의 낮은 단계의 연방제(federation)안이 서로 공통성이 있다'고 명시하기에 이르렀다. 이것은 분명히 상극적 쟁점을 상생적 접점으로 승화시킨 것으로써 국가체제의 통합문제를 미래지향적으로 해결할 수 있는 긍정적 신호인 것이다.

그러나 이것은 어디까지나 긍정적 신호일 뿐, 통합단계 분법이나 단계별 내용 등 구체적 실천에서는 많은 난제가 해결을 기다리며, 그 해결을 기제하는 합의서나 법규가 필수일 것이다. 통일과 관련된 모든 사항들은 그 실천과정이 이와 대동소이할 것이다.

▶ 진화통일론(進化統一論)은 익숙한 개념은 아니다. 신선한 개념 같은데, 그 구체적 내용은 무엇인가?

20세기 냉전시대에 나타난 민족분단과 그에 수반한 통일문제는 어느 한 분단국가의 국내문제가 아니라 국제문제로 비화되면서 많은 연구들이 축적되었다. 그러나 그러한 연구들은 대부분 전쟁이나 흡수통일이라는 '열전(熱戰)'이 지배하던 냉전시대와 통일의 실천 경험이 부재한 시대적 제약 속에서 진행되었다. 그렇지만 21세기는 그 반전(反轉)의 시대, 즉 냉전시대가 물러나고 분단국에서의 통일의 실천 경험과 교훈이 가시화되고 있는 시대다. 따라서 이러한 새로운 시대정신에 걸맞는 연구와 담론을 요청받고 있다.

독일이나 예멘이 분단을 극복하고 통일을 이루는 실천과정이 보여주다시피, 전쟁이나 흡수통일 같은 기존 통념에 의한 통일과정이 끝나도 분단에서 비롯된 전래(前來)의 고통이 일시에 치유되지 않는데다가 분단 주체들이 처했던 체제의 다름으로 인해 여러 가지 새로운 사회문제가 속출하고 있다. 이러한 고통과 사회문제는 오로지 통일 후 국가체제를 하나로 통합할 때만이 해결 가능한 것이다. 그리하여 통일의 후속과정으로서의 체제통합과정이 필수불가결의 절박한 과제로 부상하고 있다.

따라서 통일과정은 분단으로부터 불완전통일까지 이어지는 과정일 뿐만 아니라, 불완전통일 이후 두 체제를 합치는 과정까지(완전통일 과정)를 통틀어 통일과정으로 간주해야 한다. 이렇게 통일론(학)이 불완전 민족통일론으로부터 완전 체제통합론으로 진화되는 통일과정을 연구하는 학문을 일단 지금까지 통념으로 인지해 왔던 통일론과 구별해 '진화통일론(進化統一論)'이라고 명명해 본다. '진화통일론'이 다루어야 할 학문적 범주는 졸저(148~149쪽)에 제시한 5대 과제로 한정한다. 한 가지 주의를 환기시킬 것은, '진화통일론'과 '통일진화론'이 다름으로 혼동시를 피하라는 것이다. '진화통일론'은 통일론의 진화에 관한 이론이고, '통일진화론'은 통일의 진화에 관한 이론으로서, 양자의 개념은 엄연하게 구별된다.

▶ 합의통일 시 통일편익론 등을 제시했는데, 통일편익론은 자칫 '통일대박론'과 같은 이기적, 경제적 통일론으로 흐를 위험도 있지 않나?

1990년대 중반 남한에서는 '가난한 북한'과 통일이 되면 한국인들의 삶의 질이 크게 떨어질 것이라는 이른바 '통일비용론'이 대두되면서 통일 미래에 대해 의심하고 절망하며 거부하는 '통일공포증'이 일기 시작하였다.

통일비용이란 통일된 뒤 국가 건설을 위한 투자비용을 말한다. 사실 이 논의는 일본의 음모에서 지펴진 화마(火魔)였다. 1992년 말 일본 장기신용은행은 한국이 통일되면 초기 10년 동안 매해 당시 국가예산의 절반에 해당하는 GDP의 15%가 통일비용으로 쓰일 것이라는 연구결과를 발표하면서 한국 혼자서는 감당하기 어려우니 일본이 도와주어야 한다는 속심을 드러냈다.

그러자 한국의 28개 관련기관이 달라붙어 통일비용을 산출했는데, 중앙대 신창민 교수팀이 산출한 비용은 연간 600억~690억불이 되지만, 여기서 불필요한 GDP의 2.5%에 해당하는 국방비와 통일준비금 등을 빼고, 연평균 11.25%의 경제성장률을 더하면 연간 순통일비용은 GDP의 2% 수준인 200억불에 불과하다. 이렇게 통일이 되면 통일비용보다 훨씬 많은 통일편익(便益)이 발생한다는 것이다.

한편, 이러한 경제적 편익과 함께 '하나된 민족', '하나된 나라'라는 긍지와 안정, 행복에서 오는 정신적 편익을 합친다면 숫자로는 헤아릴 수 없는 거대한 편익이 발생하게 될 것이다.

박근혜 전 대통령은 통일편익론에 맞서 이른바 '통일대박론(大舶論)'을 제시했는데, 양자는 본질적으로 다르다. 원래 '큰 배'란 어원의 '대박'은 '큰 물건이나 큰 이득'이란 뜻으로 와전되어 사용되다가 물질만능주의가 팽배한 근자에 와서는 횡재란 뜻으로 도박이나 로또 같은 일확천금의 놀음판에 자주 등장한다. 수천만 분단민족의 운명이 달려 있는 중대한 사회적 의제가 어느 날 우연한 횡재의 수혜물이 될 수 없다는 것은 너무나도 자명한 일이다.

당면과제는 정당한 편익론으로 황당무계한 대박론을 잠재우는 일이다. 이 과제를 그대로 방치하면 발전지향성적인 편익론이 이기적이며 물질에만 환장한 미시적 '경제 통일론'에 잠식되고야 말 것이다. 그러면 통일은커녕 영구분단의 수렁에 빠지게 될 것이다.

▶ 문명교류론과 실크로드학에 이어 민족·민족주의론과 통일담론까지 연구의 영역이 확장되고 있는데, 이후 남아있는 학문적 숙제는 무엇인가?

우선 한 가지 천명하고자 하는 것은 본인의 연구 영역을 어디서 어디까지로 '확장'한 것은 아니라는 점이다. 학자로서 본인의 평생 연구영역, 즉 전공은 변함없이 인문학의 새로운 분야로서 실크로드학을 핵심으로 하는 문명교류학이다. 지난 60여 년간 가까스로 천착한 것은 실크로드학의 학문적 개척과 정립이며, 지금은 그 토대 위에서 문명교류학의 최종적 정립을 향해 신들메를 단단히 조이는 중이다. 갈 길은 아직 멀고도 멀다.

지금 실크로드학은 기본적으로 학문적 정립을 마쳤다고 자부하고 있으며, 학계에서도 그렇게 보고 있다. 어떤 근거에서 그렇게 말할 수 있는가 하면, 인문학 최초로 실크로드학이라는 기본이론서와 실크로드 사전(한·영), 해상실크로드 사전, 실크로드 도록(초원로, 오아시스로, 해로, 한·영)의 저술(총 4종 9권)로 실크로드학의 학문적 체계를 세웠을 뿐만 아니라, 종횡(縱橫) 세계일주로 그 과학성을 현장에서 실증하였다는 데 있다. 그리고 작년(2019년) 9월 모스크바에서 열린 제4회 세계실크로드학회 국제학술대회에서 발표한 논문「실크로드와 경주」가 최우수학술상을 수상하였다.

민족론과 통일론 연구는 속되게 말하면, 본인에게는 본업(문명교류

연구)이 아닌 '부업'인 셈이다. 그러나 지식 소유와 더불어 사회참여가 필수여야 하는 지성인으로서 "시대의 소명에 따라 지성의 양식(良識)으로 겨레에 헌신한다"라는 필생의 화두가 요구하는 궤도를 따르다보니 자의반 타의반 민족론과 통일론에 다가서지 않을 수 없게 되었다. 더욱이 그 화두의 종국적 수련장인 남한의 현실은 끝끝내 이 부업자를 통일담론의 광장으로 끌어내고야 말았다.

남아있는 학문적 숙제라면 본업에서는 인문학의 새로운 분야인 문명교류학의 학문적 개척과 정립을 완수하는 것이고, '부업'에서는 민족론와 통일론에 관한 연구를 계속 심화시킬 것이다. 이번 졸저는 그러한 연구의 테제(these, 요강)적 성격을 띤 저술로서 그 얼거리를 따라 앞으로 한 단계 승화된 통일론인 '진화통일론'의 학문적 정립에 진력할 것이다.

▶ 이산가족으로 알고 있는데, 향후 가족상봉이나 고향방문 전망은?

지난해 대한적십자사에 이산가족상봉 신청을 공식 제기하고, 상봉영상 제작도 마쳤다. 남북 간의 저주로운 인위적 장벽이 무너져 모든 이산가족의 상봉과 고향방문이 실현되기를 일일천추로 고대하는 바이다. 서로가 신뢰만 쌓이면 사실 별로 어려울 것 같지도 않다. 그렇게만 되면 많은 이산가족이 오갈 것이다.

민족론과 통일담론

2쇄 발행	2021년 10월 24일
초판발행	2020년 6월 25일

지 은 이	정수일
펴 낸 곳	(주)통일뉴스
디 자 인	정면
등록일자	2004년 3월 9일
주 소	서울특별시 종로구 새문안로5가길 3-10(당주동) 선덕빌딩 6층
홈페이지	www.tongilnews.com
전자우편	tongil@tongilnews.com
전 화	02-6272-0182

ISBN 978-89-94771-08-3 03300
값 15,000원